社員心得帖

松下幸之助

PHP文庫

○本表紙図柄＝ロゼッタ・ストーン（大英博物館蔵）
○本表紙デザイン＋紋章＝上田晃郷

まえがき

今日の産業界は、きのうまで時代の先端を切っていた知識や技術が、きょうはもう過去のものになってしまうといったことが少なからず起こるほどの、急激かつめざましい伸展を遂げつつあります。しかもその変化は、今後、ますます速く大きくなっていくものと考えられます。したがって、今日のビジネスマン、社員の人たちには、そうした刻々の時代の進展に十分対応できるよう、絶えずみずからを磨き高めていく努力が求められているといえましょう。

それは一面、たいへんといえばたいへん、むずかしいといえばむずかしいことです。しかし、そのような課題にみずからすすんで意欲的に取り組み、実力の向上をはかっていくところからこそ、社員としてのいっそうの仕事のしがい、生きがいといったものも生まれてくるのではないでしょうか。

仕事というものは、本来、きわめて奥行きが深いもので、やればやるほど豊かな味わいが出てくるものです。つまり、〝きょう一日、自分ながらよくやった〟と、自分で自分をほめられるほどに一生懸命仕事に取り組む日々を重ねていってこそ、自分の実力が向上し、仕事の成果も高まります。また、その仕事を通じ、企業の活動を通じて人々の役に立つこともできて、社員としての喜びや生きがいといったもののを、より豊かに味わうことができるのだと思うのです。

本書は、企業に働く社員の方々にとって大切と考えられる心得のいくつかについてまとめたものです。それらは私が、これまでの会社生活の中で、折にふれて考え、社員の人たちにも話してきた事柄ですが、いずれも平凡といえば平凡、当たり前といえば当たり前の、ごく基本的なこととともいえましょう。しかし、今日が激動の時代であればこそ、よりいっそうそうした基本的な心得の着実な実行が大切とも考えられます。そのような意味で、刻々に伸展する産業界にあって活動する社員の方々の自己啓発のために、そして充実した人生に結びつく力強い仕事の遂行のために、私なりの体験が、いささかなりともお役に立つならばと願っております。

なお、社員の心得として大切なことは、本書に示したことのほかにもいろいろあると思います。私自身、『商売心得帖』『経営心得帖』あるいは『実践経営哲学』『指導者の条件』などの著書において、そうしたことについて記してきておりますが、これからの日本さらには世界の経済を力強く支える社員としての実力を養い高める過程で、それらについてもあわせご高覧いただけるならばまことに幸いです。

昭和五十六年八月

松下幸之助

社員心得帖

目次

第二章　中堅社員の心得

第三章　幹部社員の心得

カット　長縄士郎

第一章

新入社員の心得

運命と観ずる覚悟を

新入社員として会社に入ったら、まず何よりも〝自分がこの会社に入社したのは、一つの運命である〟というような覚悟をもつことが大切だと思います。

学校を卒業し、就職するにあたっては、それぞれに、親や先生、先輩などにも相談しつつ、自分の志望の会社を決めたと思います。また、会社は会社で、〝こういう人が必要だ〟ということで採用を決定します。ですから、会社に入るということは、そういう双方の意志が一致したことによって実現したものだ、ということができると思うのです。

けれども、考えてみますと、その会社で働きたいという人でも、いろいろな事情でその願いがかなわない場合があります。また、会社が〝こういう人にぜひ来てほしい〟と思っても、それがその人の都合でできないということもあるわけです。そういうことからしますと、会社へ入るということは、その会社を志望する人と会社の双方の意志によって決定されると一応はいえるわけですが、ただそれだけではなく、そこに双方の意志がそのように一致し、結ばれるような、目に見えない大きな力が働いているといえるのではないでしょうか。それは一つの運命であるとも考えられます。

たとえていえば、私たちはこの日本の国に生まれ、日本人として育ち、今後も日本人として活動していくわけです。それは自分の意志でそうなったのかというと、そうではありません。私たちが日本人として生まれついたことは、自分の意志ではどうすることもできない、それを超えた、いわば運命ともいうべき大きな力の働きによるものだといえましょう。

それと同じように〝自分がこの会社に入り、一社員として仕事をするようになったことは、一面自分自身の意志によるものではあるが、それ以上に、そのように運命づけられていたのだ〟とは考えられないかということです。

運命などというと、若い人の中には反発を感じる人もあるかもしれません。しかし、もしそのように考えることができたら、その人のその後の会社生活の上に、非常に力強いものが生まれてくると思います。

新入社員として会社に入り、それから何十年か勤務する。その過程においては、いろいろの困難にぶつかったり、煩悶《はんもん》したりすることも起こってくるでしょう。特に責任ある地位につき、部下をもつというような立場に立てば立つほど、そうした問題は増えてくると思います。それはお互いが仕事をしていく上で避けられないことです。ただ、問題は、そのときにどの程度悩み、どの程度苦しむかということです。その程度によっては、悩みや困難に負けてしまう人もあれば、そういうものを克服してさらに大きく成長していく人もいます。

そのときに、ここに述べたような一つの運命観というか覚悟を、ある程度もっていることが、私は非常に重要だと思うのです。〝これはおれの運命なんだ〟という覚悟ができれば、そこに度胸がすわり、力強い信念が生まれてきます。そうなれば、それまで困難だと思っていたことに対して、〝そうではないんだ。これは自分が向上していく過程においての一つのプラスになるんだ〟というような心がまえで臨むこともできるでしょう。そういう人こそ、どんな困難に出会っても、それを切り抜けていくことができる、いわゆる大事に臨んで役に立つ人だといえるのではないでしょうか。

そういう大事に役立つ人になれるかどうか、その一つの大きなカギは、まず会社に入ったことの意味をどう考えるか、いいかえれば、それを運命と観ずることができるかどうかというところにあると思うのです。

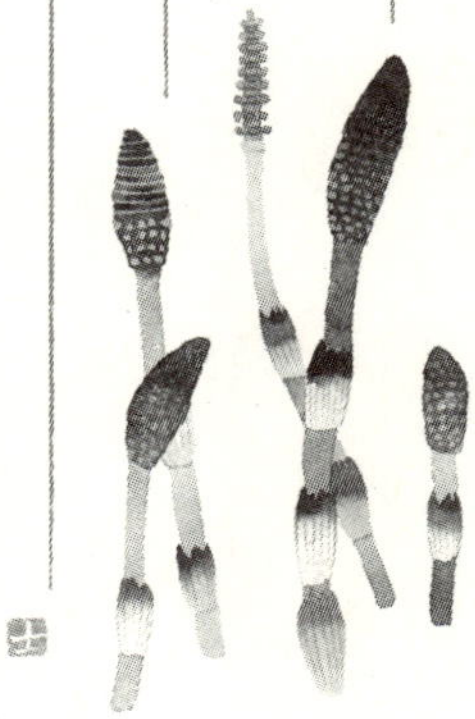

会社を信頼する

新入社員として欠くことのできない大切なことの一つに、会社を信頼するということがあると思います。

多少の予備知識はもっているとしても、入社したばかりでは会社の様子もまだ十分には分からないでしょうし、仕事も不慣れ、先輩も知らない人ばかりですから、何かと不安をもつことが少なくないと思います。しかし、基本的には会社を信頼し、そこに一つの安心感をもって仕事に取り組んでいくことが大事だと思うのです。

というのは、会社にしても、先輩にしても、新入社員の人に悪《あ》しかれという考えは少しももっていません。反対に、非常な期待をもって新入社員を受け入れ、すべてよかれと思って、いろいろ教えたり、注意したりするわけです。

実際、会社というか経営者は、新入社員の成長を、いわば一日千秋の思いで待ち望み、見守っているのです。そして、ただ待ち望み、見守るだけでなく、その人を伸ばしていくことに熱意をもって、真剣な努力をします。せっかく入社した新入社員の人が、ただなんとなく働いて日を過ごしているということでは、その人自身もつまらないでしょうが、それ以上に会社は、そのことに対して耐えがたい苦痛を感じるものなのです。きょうよりあす、あすよりあさってへと、少しずつでもその人が成長していくということを、どの会社でも希望し、そのための努力を惜しみません。もし、そういうことを怠るようであれば、それは会社としての責任を果たしていない姿であり、それでは会社自身としての発展もできにくいと思います。

結局それは、会社が世間からそのようなことを要望されているということです。会社は一般大衆から、国家から、また広くは世界から、いろいろな要望なり期待を寄せられており、その要望、期待にこたえていくためには、やはり経営者はもちろん新入社員も含めたすべての社員が、一日一日と成長していくことが不可欠の条件であるわけです。

数ある会社、多くの先輩の中には、例外もあるでしょうが、しかし新入社員の人は、基本的にはそのように社員の成長を願っている会社というものを信頼し、〝自分もよき社員として成長し、会社の仕事を通じて社会に奉仕していこう〟という考えをもつことが大切で、それが結局は、自分自身のプラスにもなることだと思うのです。

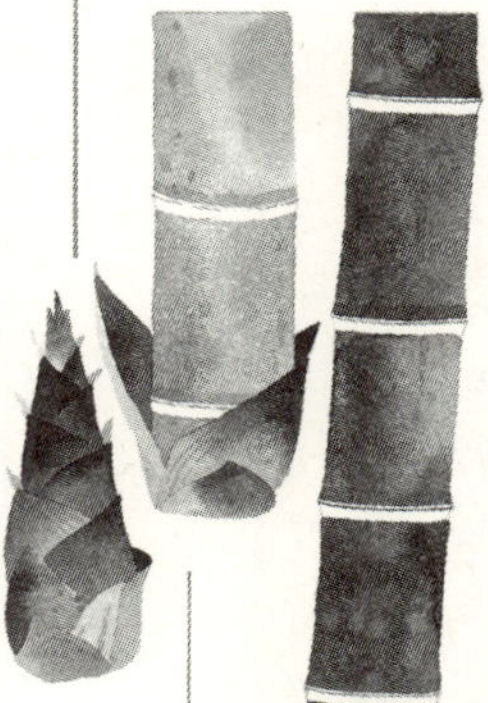

成功する秘訣

会社に入って、将来必ず重役になれるというと少しいいすぎかもしれませんが、少なくとも部長には間違いなくなれるという秘訣《ひけつ》があります。それは入社第一日目に、会社から家に帰ってきたときに、家族の人にどのように報告するか、というところから始まります。

初めて会社に出勤したその日には、式典があったり、社長や幹部の訓辞があったりするでしょう。また会社の内容や勤務についての説明もあると思います。それを聞いて家に帰ると、ご両親や家族がたいてい「会社の感じはどうだった」と尋ねるでしょう。そのときに、どう報告するかがきわめて大切だと思うのです。「あんまり感心しない会社だ」などと言えば、ご両親は非常に心配します。「まだよく分からない」と言っても、やはり心配が残るでしょう。「詳しいことは分からないけれども、きょう、社長や幹部の人からいろいろ話を聞いてみると、自分はなんとなくいい会社のように思う。満足して働くことができそうだ。だからここで、大いに仕事をしてみたい」と力強い言葉で報告したら、ご両親も「それは結構だ。大いにやりなさい」と喜びもし、安心もすると思います。そういう報告ができるかどうか、それが成功へのまず第一の関門です。

何でもないことのようですが、そういうことが言えない人は、私は成功しにくいと思います。〝そんなことは言わなくても、両親は分かっている〟などと決して考えてはいけません。自分で本心から、つまらない会社に入ったと思っているのであればともかく、大きく予想に反したことがなければ、〝これは安心だ。しっかりやろう〟という心意気をまず言葉に出して、第一声として両親に言うことです。私はそういう心がまえから、すべてが生まれてくると思うのです。

そのように勤務を始めますと、やがて友だちにも会います。友だちも、おそらく「君の会社はどうか」ときくでしょう。「ぼくは非常にいい会社に入ったと思って喜んでいるんだ。こういう点がいいんだ」「そんなに君のところはいいのか」「そうなんだ。ぼくは一生この会社で、仕事に打ちこむつもりだ」そういう返事をすると、友だちも「あいつは、たいしたもんだな」ということになります。友だちをも感化することになるわけです。

あるいは親戚《しんせき》にも行くでしょう。そのときも同じように話す。そうすると「おまえのところは何をつくっているのだ」「うちはこういうものをつくっています」「そうか、そんないい会社なら、今度からおまえのところのものを使うようにしよう」ということにもなりましょう。その人の言動によって、家族、友人、知人の頭に、会社のいい印象が残るわけです。それが人から人へと伝わって、会社の評価が高まり、販売を増やすことにもなる。世の中というものには、そういったところがあるのです。

ところが、そういう簡単なことをやらない人が案外多いのです。私も長いあいだに他の会社の社員の人たちにずいぶん会いましたが、「うちの会社は面白くない」というような不平を漏らす人は多くても、「非常にいい会社で、私はここで一生懸命やろうと思っています」というような人は少ないのです。しかし、不平不満に終始する姿からは、建設的なものは決して生まれてはきません。

ですから、会社をほめるという態度、心がまえで終始している人は、必ずどこの会社にあっても注目されます。会社はそのような人を切実に求めているからです。とすれば、その人を部長、重役にせずして、だれをするのでしょうか。その人は、求めずして、重役の地位についていくことにもなろうかと思うのです。

ひとつだまされたと思って、さっそくに実行してみてください。

無理解な上司、先輩

新入社員は、初めはだれでも、上司、先輩について仕事を教えてもらいます。その場合、当然のことながら、上司、先輩にはいろいろな人がいます。人格的にも仕事の面でも非常に立派で、親切だし、文字どおりかゆいところに手が届くような指導をしてくれるという人もいるでしょう。その反対に、人柄もちょっと感心しないし、指導もあまりよくはしてくれないという人もあると思います。

その場合、どちらの上司、先輩についたほうがいいかということです。

これは、常識的に考えれば、当然立派な先輩についたほうがいいということになるでしょう。それはなにも仕事に限りません。何ごとでも、いい指導者、先生につけば、その技が上達するし、だから先生を選ぶことが肝心だと一般にいわれますが、私もそのとおりだろうと思います。非常にうまく指導してくれる師匠、世間で「非常にいい先生だ」といわれるような理解のある人について習っていくことは、きわめて好ましいことだと思うのです。

けれども、その反面に、そういうところからは、いわゆる〝名人〟は出にくいとも考えられます。というのは、先生がよければ、どうしても先生のとおりにやるということになってしまいますから、ある程度のところまでは一様に上達するけれども、それ以上に画期的なものは生まれてきにくいという一面があると思うのです。

その点、むしろ非常に無理解というか、非常識ともいえるような先生のもとで修業した人の中からは、名人といわれる人が出る場合が多いようです。当然ほめられていいことに対してでも、めちゃくちゃに言われる。〝ばかばかしい。もうやめてしまおう〟と思う場合が何度もある。しかし、それでも耐えしのびつつ辛抱してやっていく。そして何ものかをみずから会得した人に、先生を超えるような名人が出てくるということでしょう。これは非常に面白い点だと思いますが、そういうこともまた人間の妙味といえるのではないでしょうか。

ですから、理解ある立派な先輩についた人は、それはそれで感激し、そのことを喜んでいいと思いますが、一見無理解と思われる先輩

にぶつかった人も〝これは、自分が名人になれるチャンスだ〟という
ように、積極的に受けとめてはどうでしょうか。そこに自分を大きく
伸ばしていく道があるのではないか、そんな気がするのです。

会社の歴史を知る

私たちが日本人として、この日本の国において生きていくについては、やはり、日本の歴史、伝統というものを知ることが大切だと思います。日本という国がどのようにして建国され、どういう過程を経て今日にいたっているかという歴史を知ってはじめて、そこに今日の日本人としてどう生きるべきか、また日本を将来どういう国にしていったらいいかといったことも、よりよく考えられると思うのです。

それは会社の場合でも同じことです。一つの会社に入って、大いに仕事をしていこうと思うならば、やはりまず、その会社の歴史を知らなければならないでしょう。今日、非常に大を成している会社であっても、決して最初からそういう姿だったわけではないと思います。かりに創業三十年を迎えようとしている会社であれば、三十年前にはそれは、影も形もなかったわけです。それを、ある個人なり、あるいは何人かの人々が志を立てて会社をつくり、その後長年にわたって、その時々の経営者なり社員の人々が営々と努力を重ねて、今日の姿を成したわけです。

そういう歴史というものを、規模の大小なり、期間の長短はあっても、どこの会社ももっています。その過去の歴史を認識することから、社員としての活動の第一歩が始まると考えてほしいと思います。

過去を知らずして何ができるか、というと少し極端かもしれませんが、そういってもいいほど、会社の歴史、先輩の体験というものは貴重だと思うのです。

もちろん、実際の日々の仕事においては、次々と新しい、よりよいものを生み出していかなくてはならないわけですが、そういうことも、過去の歴史の基礎の上に立ったときにはじめて十分に可能となるのではないでしょうか。

また、新入社員の人たちは、一年たち二年たち、五年、十年とたてば、今度は若い人々を指導する立場に立って仕事をするようになります。そのとき、後輩を指導するについての信念は、どういうところから生まれてくるのでしょうか。これも一つにはやはり、その会社の過去の歴史をよく知るということを通じて培われるものではないかと思います。

そのような意味で、会社に入ったら、まず会社の歴史、先輩の尊い体験というものを、いろいろなかたちにおいて学び、吸収していくこと、それがきわめて大切だと思うのです。

礼儀作法は潤滑油

「最近の若い人は、礼儀を知らない」ということをときどき聞きますが、そういうことは、職場においてもよくいわれているようです。

これは、戦後、家庭や学校において、あまり礼儀作法やしつけということをいわなくなったところに、一つの大きな原因があるように思われます。もちろん、礼儀作法をキチンと身につけている若い人も少なくないでしょうが、このごろは、先生と生徒は友だちどうしのようであることがいいことだといった考え方も一部にはあるようで、そういうものを知らないままに社会人となる若い人が増えてきつつあるのも事実ではないかと思うのです。

けれども、社会生活においては、当然、キチンとした礼儀作法が要求されます。それは、それまでそういうことには比較的無頓着《むとんちゃく》であった若い新入社員の人々には、いささかならず堅苦しいことのように感じられるかもしれません。

しかしたとえそう感じる若い人でも、自分が傍若無人のふるまいをする礼儀知らずの人に出会ったら、どんな感じがするでしょうか。それを考えれば、その必要性についてはだれもが認めるところでしょう。

私は、礼儀作法というものは、決して堅苦しいものでも、単なる形式でもないと思います。それはいわば、社会生活における〝潤滑油〟のようなものといえるのではないでしょうか。

機械と機械がかみあってゴウゴウと回るとき、潤滑油がなければ、摩擦が起こり火花が散ったりして、機械は早くいたんでしまいます。それと同じように、人間と人間のあいだにも、潤滑油がいると思うのです。

性別や年齢、ものの考え方など、いろいろの面で異なる人々が相寄って仕事をしていくのが職場です。したがって、そこにはやはりお互いのあいだを滑らかに支障なく動かすための潤滑油がいるわけです。その役割を果たすのが礼儀作法だと思うのです。

ですから、礼儀作法というものは、当然心のこもったものでなければなりませんが、心に思っているだけでは、潤滑油とはなり得ません。やはり形にあらわし、相手に伝わりやすくしてこそはじめて生きてくるものです。そういう心と形の両面があいまった適切な職場の礼儀作法というものを早く身につけることが、新入社員として仕事をしていく上できわめて大切だといえましょう。

健康管理も仕事のうち

会社生活をしていく上で、何といっても大切なのは、健康、それも心身ともの健康です。いかにすぐれた才能があっても、健康を損ねてしまっては、十分な仕事もできず、その才能も生かされないまま終わってしまいます。実際私は、長年事業を経営してきた過程において、前途有為の若い人が、病気のために志半ばで倒れたり、仕事から離れざるを得ないという姿をたびたび見てきました。そういうことは、会社にとってももちろん損失ですが、何よりもその人自身の不幸です。

ですから、どこの会社でも、社員の健康の維持増進についてはいろいろ配慮していると思いますが、それと同時に、自分自身でもいろいろ工夫して健康を保ち、高めていくようにすることが大切だと思います。

健康であるために必要なことは、栄養であるとか、休養、さらには適度の運動とかいろいろありましょうが、特に大切なのは心の持ち方です。昔から「病は気から」といわれますが、そういう面が実際多分にあると思います。

心がおどっていると、人間は少々のことでは疲れたり、病気したりしないものです。趣味やスポーツなどでよく経験することですが、それに熱中し、楽しんでいるときは、他人から見ればずいぶん疲れるだろうと思われる場合でも、本人はむしろ爽快《そうかい》さを覚えていることがあります。心がおどっているから疲れない。あるいは疲れても、それを疲れと感じないわけです。

仕事の場合もそれと同じことで、仕事に命をかけるというほどに熱意をもって打ちこんでいる人は、少々忙しくても、ときに徹夜などをしても、そう疲れもせず、病気もしません。反対に、なんとなく面白くないというような気分で仕事をしていると、その心のすきに病気が入りこんでくる。そんなことをよく見聞きします。

もちろん人間の体力には、やはり限度があります。いくら心がおどって疲れを知らないという人でも、あまり度を過ごせば、過労に陥ることにもなりかねませんから、そのへんの注意は当然必要でしょう。

いずれにしても、自分の健康管理も仕事のうちということを考え、心をおどらせて仕事に取り組むことを基本にしつつ、人それぞれのやり方で健康を大切にしていってほしいと思います。

積極的に提言を

新入社員は最初のあいだ、先輩から教えられ、指導を受けつつ、だんだんに仕事を覚えていくわけです。ですから、その先輩のいろいろの教えを素直に聞き、また、分からないところはそのままにせずに質問するなどして、一日も早く仕事を覚え、上達する。そのようにして一人前の社員に成長していかなければなりません。

しかし、新入社員だからといって、ただ一方的に教わるだけでいいかというと、私はそれではいけないと思うのです。新入社員は新入社員なりに先輩に教える、というと語弊があるかもしれませんが、日々の仕事の中で自分が気づいたことを、いろいろ提言していくようにしなくてはいけないと思います。

〝自分は新入社員でいちばん後輩だし、仕事についての知識も経験も少ない。だから、提言するなどおこがましい。先輩に言われたとおりのことをやっていればいいのだ〟というのも一つの考え方です。しかし私は、こと仕事に関するかぎり、そういう遠慮は無用だと思います。会社をよりよくしていこうという思いに立つかぎり、本質的には、社長も一新入社員も平等だ、そう考えるべきだと思うのです。

先輩社員は、経験も長く、その仕事についても熟知しているでしょう。けれども、そのためにかえって先入観にとらわれて、現状を当然と考え、改善すべき点に気がつかないという面があります。その点、新入社員はすべてを新鮮な目で見られますから、〃ここはこうしたらいいのではないか〃と感じることも少なくないと思います。それをどんどん提言してほしいと思うのです。

もちろん、そのことがほんとうに提言に値することかどうか、その吟味は自分なりに十分しなくてはならないと思います。また、提言の仕方については、先輩に対する礼儀を十分尽くすといったことを忘れてはならないでしょう。しかし、自分がこれはやはり大切だと思うことは、すすんで提言する勇気をもちたいものです。

また、先輩なり上司の人は、新入社員がそうした提言をしやすい雰囲気をつくり、その中のいい意見は、どんどん取り入れていくことが大切だと思います。そのことは新入社員の成長をうながすとともに、会社自体の発展にも結びついていると思うのです。

仕事の味を知る

昔からのことわざに「石の上にも三年」というのがあります。どんなに石が冷たくても、その上に三年も座り続けていればしだいに暖かくなってくるものだ、ということで、根気とか辛抱の大切さを教えたものです。私はこれは、社員として仕事に取り組む場合にも、よくあてはまることではないかと思います。

最近の若い人たちの中には、仕事を始めてからひと月かふた月もすると、もうその仕事が気に入らないとか、自分には適性がないとかいうことで、別の仕事を求めるという人もあるようです。今日では、いろいろと新しい職種が増えていますから、そのように、より自分の適性に合った仕事を求めていくことも、それなりに結構で、いちがいに悪いことだとはいえないでしょう。しかし、どんな仕事であれ、それがほんとうに自分に適したものであるかどうかを見極めるのは、実際はそれほど容易なことではないと思います。

ですから、最初はつまらないと思えた仕事でも、何年間かこれに取り組んでいるうちに、だんだんと興味が湧《わ》いてくる。そしてそれまで自分でも気づかなかった自分の適性というものが開発されてくる。そういうことがよく起こり得ます。つまり、仕事というものは、やればやるほど味の出てくるものだということです。そして、そうした仕事の味が多少とも分かってくるようになるまでには、「石の上にも三年」のことわざどおり、やはり、普通は三年はかかるといえるのではないでしょうか。

昔、私の若かったころには、入ってすぐに辞めるというような人は、今日に比べて少なかったように思います。それは一つには、仕事の種類自体がそれほど多くなかったということにもよるでしょう。しかし、そうしたこと以上に、先輩やいろいろの人から、「石の上にも三年」のことわざをたびたび聞かされ、また自分でもそう言いきかせて我慢をし、辛抱をした。そのうちに、だんだんと仕事の味、仕事の喜びを見出すといったことであったのではないかと思います。

私は、昔も今も、仕事のかたちは変わっても、その本質には、何ら変わりはないと思います。その意味で、たとえどんな仕事でも、人間としてひとたびこれをやろうと決心したのであれば、あるいはまた、何かの縁があってそれに取り組んだのであれば、まず三年は、じっくりと腰を落ちつけてがんばってみることが大切でしょう。それは、何よりも自分自身のためになることで、もし万一、三年間一生懸命にやってみて、それでもどうしても自分には適していない、別の仕事につきたいということになっても、三年間腰をすえて取り組んだことは、少しもムダにはならないと思います。それどころか、その間に経験し、体験したことは、それから後、新しい仕事を進めていく上にきっと大きなプラスになることでしょう。

会社に入ってしばらくのあいだには、この仕事ははたして自分に向いているのだろうか、といった気持ちになることが、ときにあるものです。そんなとき、「石の上にも三年」の言葉を思い出し、しっかりと腰をすえて仕事の味を味わうように努めてみてほしいと思うのです。

自分の働きと給料

あるとき、若い社員の人たちに、大要つぎのような話をしたことがあります。

「ぼくは、皆さんご承知のように、この会社の最高責任者として、いちばんたくさんの月給をもらっている。それがいくらかということはここでは言わないが、かりに百万円なら百万円とする。その場合、ぼくが百万円の仕事をしていたのでは、会社に何らプラスしない。ぼくの考えでは少なくとも一千万円の仕事をしなくては、この会社は立っていかないだろうと思う。あるいは一億円、二億円の仕事をしなくてはならないだろう。そういう働きができているかどうかということを自問自答しつつ、ぼくは自分なりに一生懸命努力しているわけだ。

皆さんについても、それはいえることで、皆さんの月給がかりに十万円であれば、十万円の仕事しかしなかったら、会社には何も残らない。そうなれば会社は株主に配当もできないし、国に税金も納められない。だから、自分の今月の働きが、はたしてどのぐらいであったかということを、常に自分に問うていく必要がある。

もちろんどの程度の働きが妥当であり、望ましいかということはいちがいにはいえないが、まあ常識的には、十万円の人であれば少なくとも三十万円の働きをしなくてはならないだろうし、願わくば百万円やってほしい。

そういうふうに自分の働きを評価し、自問自答して自分の働きを高め、さらに新しい境地をひらいていってもらいたい。そういう姿が全部の社員に及んでいけば、そこに非常に力強いものが生まれてくると思うのだ」

このことは私は、きわめて大事なことだと思います。お互いに毎日一生懸命に仕事をしている。しかし、ただなんとなく一生懸命やっていればそれでよい、というわけではありません。やはりその働きの結果が、何らかの成果として現われ、会社にプラスし、さらに進んでは、社会に貢献しているということであってはじめて、その働きが働きとしての価値をもつのだと思います。

もちろん世の中にはいろいろの仕事があり、実際は仕事によっては具体的な金額で評価しにくいという場合もあるでしょう。しかし、やはりそういうことを自問自答しつつ、またときには他人にも教えを請うて、そうした評価の目安を求め、自分の働きを高めていく努力を、日々心がけていきたいものだと思います。

〝会社は公器〟の自覚を

新入社員の人は、それぞれ自分自身の目的というか動機をもって会社に入ってきているわけです。自分の知識や技能、持ち味といったものを仕事を通じて生かしていきたいと考える人もあれば、海外で活躍したいと考えて、それがかなう会社を選ぶ人もあると思います。あるいは、部長なり重役、さらには社長をめざすという人もあるでしょうし、自分はもっぱら生計の資を得るために仕事をするのだという人もあるかもしれません。

そのように、人それぞれにいろいろの目的をもっていると思いますし、そのこと自体はそれでいいと思うのですが、どういう目的をもった人についても、これだけはしっかり認識しておいてほしいことがあります。

それは、自分の仕事のもっている意味、さらには、それを含めた自分の会社の存在意義というものについての認識です。つまり、仕事といい、会社といい、決して私のこと、私のものでなく、すべて公のものだということです。仕事は公事であり、会社は社会の公器なのです。

会社の事業というものは、世間、大衆を離れては成り立ちません。直接、間接に、いろいろなかたちで社会とつながっています。ですから、会社の活動がいいか悪いかによって、世間の人々に対していい結果を与えるか、悪い結果を与えるかということになってくるわけです。もし、悪い結果を与えるようであるならば、その会社の存在は社会にとってマイナスであり、むしろないほうがいいということになってしまいます。世間の人々にいい結果、プラスの結果をもたらすことにおいてのみ、その事業の存在価値があるといえましょう。

そして、そのことは、その会社を形成している社員一人ひとりの仕事についても同様です。ですから「これはおれの仕事だから、おれの好きなようにやっていいんだ」ということは許されません。自分一個の都合で仕事を考え、行うということではいけないわけです。自分の一挙手一投足は全部、会社を通じて社会とつながりをもっている、ということの自覚と責任感において仕事をしていくことが求められるのです。

もちろん、そういうことに対する自覚は、地位が高い人ほど強くもたなくてはなりませんが、しかし、新入社員といえども、社会の公器である会社の一構成員である以上、その認識だけは、だれもがもっていなくてはならないと思うのです。

第二章

中堅社員の心得

社長、部長はお得意先

会社で働く社員の心がまえとして、私が機会あるごとに強調してきたことがあります。それは、会社で月給をもらって働いているといういわゆるサラリーマンとしての考え方をもう一歩飛躍させて、自分は社員としての仕事を独立して営んでいる事業主だと考えたらどうか、ということです。つまり、会社で働いている人は、それぞれがみな社員という稼業の経営者なのであって、たとえば経理の仕事をしている人であれば、〝社員は自分一人だけだけれども、自分は、この会社の中で会計、経理業という一つの事業を営んでいる経営者である〟という意識をもって、みずからの仕事に取り組んでみるわけです。

そうするとどういうことになるか。自分で事業を営んでいるということになれば、その事業をなんとか発展させようということで、いろいろ工夫を凝らすでしょう。もちろん、だからといって、その工夫がうまくいって仕事の成果があがっても、そう急に自分の儲《もう》けが増えるというか、給料が上がるわけではありません。しかし、その給料を単なる給料と見るのでなく、自分が事業を営んでいることに対する報酬だと考える。そう解釈することによって、自分というものが相当大きくクローズアップされて、日々の仕事に新たなやりがいなり喜びを感じつつ取り組めるのではないかと思うのです。

たとえば、自分が事業の主人公だと考えれば、周囲の同僚や上司は、みな自分の事業を成り立たせてくれるお客さん、お得意先だということになります。であれば、お得意先にはサービスしなければなりません。今日、商店にものを買いに行けば、「毎度ありがとうございます。これはいかがでしょう」と言って商品をすすめてくれます。ときには「まあ、ここへおかけください」と椅子《いす》をすすめてもくれるでしょう。それと同じことを同僚や上司に対して、どんどんしていったらいいわけです。

自分の創意工夫というものをいろいろ出して、同僚であれ課長であれ部長であれ、ときには社長であれ、使ってくれるようにすすめる。そういう場合、普通の商売であれば、「これは非常にいい品物でして、あなたのためになりますよ」と誠心誠意、説得します。それと同じように同僚に接し、部長に接すれば、「そんなにこれはいいか。じゃあ、いっぺん使ってみようか」ということになって、自分の創意が用いられることにもなるでしょう。そうすると自分の稼業はだんだん発展していきますし、そこに仕事の喜びを味わうこともできます。しかも、そういう姿がその人一人でなく、社内全体に及ぶならば、そこから生まれてくる発展や喜びは、個人としても会社全体としても、きわめて大きなものがあるのではないかと思うのです。

夢見るほどに愛する

それぞれの人が、会社の中での仕事につく場合、人によっては「自分はこういう仕事が好きだし、適性もあると思うから、ぜひこの仕事をやらせてほしい」と願って、それがかなえられるということもあるでしょう。しかし、おそらくそういうケースはあまり多くないのではないでしょうか。だいたいは会社の方から、「君、この仕事をやってくれたまえ」ということで与えられるというのが現状だと思います。その場合、ときには適性というものが勘案されているかもしれませんし、あるいは別の配慮によってその仕事が与えられるということかもしれません。

そのいずれの場合であっても、そのようにして与えられた自分の仕事というものを、どのように受け取り、どのような考えをもってこれにあたっていくか、そこに私は、非常に大事なポイントがあるように思います。

ただ、与えられた仕事だから仕方がないということで、格別の興味もやりがいもないままに、なんとなくやっていくという人もあるでしょう。なかには、こんな仕事は自分に向かないから、かえてもらいたいという人もあるかもしれません。しかし私は、基本的には、そういうことはその人自身のためにならないと思います。

自分の仕事に興味がもてなければ、意欲も湧かず、精神的にも肉体的にもすぐ疲れてしまいます。それでは仕事の成果があがらないだけでなく、その人自身の実力も伸びません。それに何よりも、そういう状態で日々仕事をしていること自体、非常に不幸でやりきれないことです。

やはり、お互い会社で仕事をする者にとっていちばん幸せなことは、自分の仕事に興味をもって働けるということではないかと思います。余暇を楽しむとか、趣味をもつということも、それはそれで大切なことには違いありませんが、そういう楽しみも、結局は、日々の仕事が楽しくやりがいがあるということなしには、ほんとうは成り立たないのではないかという気がするのです。

そのためには、やはりそれぞれの人が、仕事に興味をもって取り組めるという姿をみずから求め、心がけていかなければなりません。たとえば、皆さんの中には、会社から与えられた仕事をかえてほしいと思っているのに、上司から、「これは君にとって将来必ず生きてくるのだから、少なくとも一年間はやってみたまえ」というように言いきかされることもあると思います。そのときには、会社も何らかの配慮をもって仕事を与えているのだからと、そのことをよく考えて素直に理解し、なるほどそういうものかと自分なりに納得して、一年間それにあたっていくというようなことが大切だと思うのです。

そうしてその上で、いろいろ工夫して興味が湧くように考えていけば、それでもどうしても性に合わないということもあるかもしれませんが、ほとんどの場合は、そうした工夫、努力の中から、仕事に対する興味というものは生まれてくるものだと思います。

おそらく多くの方が、日ごろからそういう心がまえで仕事をしておられることと思いますが、それでもときには、自分はどの程度力強くそういう努力をしているか、改めて自問自答してみることが必要でしょう。そしてついには自分の仕事を夢に見るほどに愛する、というような心境にまでなりたいものだと思います。

知識にとらわれない

自動車王といわれたヘンリー・フォードの言葉に「いい技術者ほど、できないという理論を知っている」というのがあります。

それはどういうことかといいますと、フォードは企業経営において、コンベア・システムをはじめつぎからつぎへと新しいアイデアを生み出した人ですが、それを彼の工場で生かすため、技術者のところへ相談に行くと、「それは社長、無理ですよ、できません。理論上から考えても無理です」と言うことが多い。特にすぐれた技術の持ち主ほど、そうした傾向が強く、困ったものだと述懐しているのです。

私は、このフォードの言葉について、これはこれで一つの真理をついていると思います。

というのは、わが国でもよく〝インテリの弱さ〟という言葉を聞きますし、私たちも実際に口にします。しかし、考えてみますと、インテリの弱さというのはおかしな言葉です。十分に学業を修め、知識をもっている人が弱いはずはありません。また実際、世の中には、ある一定以上の知識がなければできないことのほうが多いと思うのです。にもかかわらず、なぜインテリが弱いといわれるのでしょうか。

私は、それは結局、その人が、もっている知識にとらわれる場合にそうなるのだと思います。

何か一つの仕事に直面した場合、それに関する知識がさほどなければ、〝ともかくもまずやってみよう〟ということでこれに取り組み、自分なりに懸命に工夫、努力するでしょう。その結果は、多くの場合、相当むずかしい仕事でもやり遂げることができるものです。

ところが、知識があると、そのことによって〝これはむずかしい。ちょっとできそうもない〟と最初から考えてしまうことがよくあるのです。そうすると、できるものでもできなくなってしまいます。これはいわば、自分のもっている知識にとらわれた姿といえましょうが、そのような場合に、インテリの弱さということになるのではないかと思うのです。

この点は、お互いが社員として仕事をしていく上でも、大いに気をつけなければいけないことだと思います。最近の若い人は、高校なり大学へ行く人が多いですから、皆かなりの学問、知識を身につけています。そして今日では、社会の仕組みも会社の仕事も、いろいろと複雑になってきていますから、若い人たちが高い学問、知識を備えているということは、一面で必要かつ結構なことだと思います。しかし大事なことは、それにとらわれないことです。あまり頭の中だけで考えすぎずに、まず思い切って、実際に仕事にあたってみる。その上で、それをいかにうまくやっていくかということに、もてる知識を活用していく。そうすれば、学問、知識のあることが、大きな力となることでしょう。

特に学校を出たての若いころは、とかく知識にとらわれやすいものですが、その点を十分に心して、〃インテリの弱さ〃でなく〃インテリの強さ〃を大いに発揮してほしいものだと思います。

信頼される第一歩は

たとえば私が、社員の人に「君、すまんが、こういう人のところへ電話をかけてくれんか。きょうの午後お会いする約束をしていたのだが、急に都合が悪くなった。〝申しわけないがあすにしてほしい〟ということを電話でお伝えしておいてくれ」と頼んだとします。そういう場合、だれもが、「はい、承知しました」と言って、電話をしてくれます。ところが、そのあとで、「先ほどの電話、かけておきました。先方さんもそれで結構だということでした」と、キチンと報告してくれる人と、そうでない人がいるのです。皆さんの場合はどうでしょうか。

きわめてささいなことのように思われますが、この、あとの報告をするかしないかということには、たいへんな違いがあります。というのは、頼んだ方は、多分、先方のご了解はいただけるだろうとは思いつつも、やはり結果が気になります。しかし、つぎからつぎへと仕事があって忙しくしていると、気にはなっても確かめることもできないでいる。そんなとき、ちょっとした機会に「先ほどの電話の件、あれはオーケーでした」と知らせてもらうと、非常に安心するわけです。

お得意先から何かの用件を、社内の担当の人に伝えてほしいと頼まれたような場合も同様です。その用件を間違いなく担当者に伝えれば、一応役目は果たしたことになるわけですが、その場合でも「社内のだれそれに確かに伝えておきました」ということを、そのお得意先に連絡する。そうすると先方は、返事はもらわなくてもいいと思っていた場合でも非常に安心し、喜ばれます。

私は、そうしたちょっとしたことが、周囲の人に安心感を与え、そこからその人に対する信頼が少しずつ集まり、高まるのではないかと思います。「あの人は、仕事がよくできて、信頼のできる人だ」というような評価は、頭がいいとか腕がいいとかということにもよりましょうが、それ以上に、そのような身辺の小さいことから築かれる信用によって左右されるものだと思うのです。

むずかしいことはできても、平凡なことが行き届かないというのは、決して好ましいことではありません。むしろ大切なのは平凡なことのほうで、それを着実に積み重ねてしっかりした土台をつくり、その上にその人の経験なり知恵、才覚を生かしていくのが、望ましい仕事の進め方というものでしょう。

それは単に若い社員にとってばかりではありません。私の経験上、一つの部なら部の責任者の場合でも、「あの人は信頼できるな」という人は、必ずキチンとした報告をしてきます。いい結果の場合も、悪い結果の場合も報告してくれます。もちろん一つの部の運営を任されていて、しかもそれがうまくいっていれば、特に報告をしなくてもいいようなものですが、そこはやはり打てば響くというか、肝胆相照らす仲というか、こちらの気持ちを察してよきにつけ悪しきにつけ報告してくれるのでしょう。そのへんが非常に大事なところだと思います。

そのような意味で、平凡なこと、ささいなことをおろそかにしないというところに、信頼あつく、その会社になくてはならない人になるための第一歩があるという気がするのです。

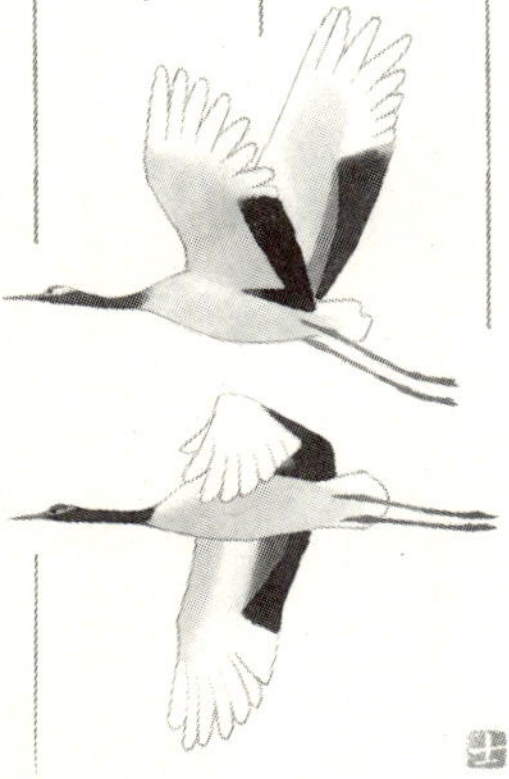

日ごろの訓練がものをいう

心配りの行き届いた仕事をするのが大事ということは、お互いに十分分かっていても、それを実際にスムーズに行い得るという状態は、一朝一夕には生み出せないものだと思います。

私は以前、ある会社に用事があって電話をかけました。すると、電話に出てきた人が、「社長は今遠方に出張中で、二、三日は帰りません」という返事です。それでは仕方がないなと思って電話を切りかけると、その人が「ちょっと待ってください。何か緊急のご用でしたら、連絡をいたしましょうか」と言います。「簡単に連絡できますか」「ええ、大丈夫です」「それなら、今晩にでも電話をいただけるよう伝言してください」

その結果、ちゃんとその夜に長距離電話がかかってきて、思ったよりも早くその用件をすませることができました。もし私が電話をしたとき、先方の人が「連絡しましょうか」とひと言言ってくれなかったら、そううまく事の処理はできなかったと思います。

これは、一見、ごくささいな、何でもないようなことです。しかし私は、こういうことが、さっとできるということは、非常に大事な点だと思います。というのは、おそらくその会社では、社長さんが日ごろ、人との応対、電話の扱いについて、やかましく言っておられるのでしょう。だからこそ、留守をあずかる人も、それにふさわしい心配りというか、臨機応変の処置がとれたのではないかと思います。日進月歩の今日の世の中では、わずか一日の違いがあとで取り返しのつかないことになる場合もあります。したがって、このような心配りの行き届いた仕事ぶりというものは、ささいなようでいて実に貴重です。

こうしたことは、たとえ頭の中では知っていても、実際に実行する段になると、なかなかむずかしいものです。いつ、いかなる場合でも、それが自然に行動として現われるためには、やはり日ごろの訓練やしつけが、大きくものをいいます。そういうしつけや訓練を、お互いに職場で、どの程度重ねているでしょうか。

自分を高める義務

私どもの会社では、昭和四十年に完全週五日制に踏み切ったのですが、それから半年ほどたったころ、私は社員につぎのような話をしたことがあります。

「わが社が週五日制になってから半年の月日がたったけれども、皆さんは週二日の休みをどのような考えで過ごしておられるだろうか。一日教養、一日休養というように有効に活用できているかどうか。二日間の休みを無為に過ごすのでなく、心身ともにみずからの向上をはかる適当な方法を考え、実行していただきたいと思う。

ただ、そのみずからを高めるというか、教養を高めたり、仕事の能力を向上させたり、あるいは健康な体づくりをすることと関連して、私は一つ皆さんにお尋ねしたい。それはどういうことかというと、ほかでもない。皆さんが勉強なり運動をするときに〝自分がこのように自己の向上に努めるのは、ただ単に自分のためばかりではない。それは社会の一員としての自分の義務でもあるのだ〟という意識をもってやっておられるかどうか、ということである。そういうことを皆さんは今まで考えたことがあるかどうか、また現在考えているかどうかをお尋ねしたいと思う」

そのとき、なぜ私がそのようなことを質問したのかといいますと、そういう義務感というものは、社員一人ひとりが常にもっていなければならない非常に大切なことだと考えていたからです。

私たちが社員として、みずからすすんで常識を豊かにしていくか、あるいは仕事の力をさらに高めていくということは、もちろん自分のためになることです。が、私はそれは同時に社会に対する一つの義務でもあると思うのです。というのは、たとえば私たちの社会で、すべての人が一段階ずつ進歩したとするならば、社会全体もそれによって一段向上することになります。ところが他の人がみな三段進歩したのに自分は一段しか進歩していないということになれば、そのことによって、社会全体の平均の段数は三段上がらないことになります。つまり、自分一人のために全体の水準の向上が犠牲になるわけです。

ですから、自分の教養を高めるとか、自分の技術を向上させるとか、あるいは健康な体をつくるということは、自分を幸せにし、また自分の社会的地位を高めるということなどのためばかりでなく、社会の一員としての共通の責任であり義務であると考えなければなりません。そういう義務感というか、社会の一員としての連帯感というものを、私たちは一人ひとり、よく認識しておく必要があると思うのです。

そう考えると、逆に自分が勉強するもしないも、それは自分の勝手だ、といった態度は許されないということになってくるわけですが、その点、皆さんの意識はいかがでしょうか。

趣味と本業

仕事に追われる忙しい毎日の中では、趣味をもつということが、大いに役立つものです。

しかし、この趣味というものに関連して、「自分は、仕事は食べるためにやっているんで、ほんとうの生きがいは趣味のほうにあるんだ」という人もなかにはあると思います。そんな人の場合には、私はその人が自分の本業の仕事で成功するということはむずかしいのではないかと思います。仕事というものは、やはりそれに興味をもち、楽しみを感じつつ打ちこめる、ということでなければ、それなりの成果をあげることはできません。

ですから、たとえば「自分は、会社の社員として仕事をしているけれども、どうも頭に俳句のことがこびりついていて離れない。仕事をしていても折々に俳句のことが浮かんでくるし、それがまた非常に面白いし、やりがいを覚えるんだ」というような人があるならば、その人は思い切って俳句を自分の本業としていくようにすべきだと思います。

昔であれば、そういうことをすれば、たちまち食うに困ってしまうというような姿が多かったと思いますが、そういう中でも、食べるものが満足にないような状態をもいとわず、俳句一筋に生きたという例もあったわけです。しかし幸いにして今日では、それほどの困窮に陥るということはめったにありません。ですから、どうしても俳句のほうに生きがいを覚えるという人は、俳句を本業として生きる決心をし、少々は貧しくてもそこに人生の生きがいを感じるというようにしたほうがよいと思うのです。

もちろん人によっては、「自分は自分の本業、仕事に生命を打ちこんでいるが、その余暇に俳句を楽しんでいる。それは、自分自身を潤すことになるし、本業をやっていく上においても、人間形成の上にもプラスになるんだ」という場合もあると思います。そういう人が実際には大部分だと思いますが、それが趣味というものの本来の姿でしょう。

そうした点について、もし曖昧《あいまい》なままでの生活を続けるというようなことがあるとするならば、それはやはり早くどちらかに決するということが必要なのではないでしょうか。

実力を売りこむ技術

何の商品でもそうですが、それをお客さんに買っていただくということは、なかなかむずかしいものです。「この品物は非常にすぐれたものですから、ぜひ買ってください」と言うだけで買っていただける場合もないわけではありません。しかし、普通はそれだけでは、なかなかうまくいかないのが商売です。ですから、商売に熱心な人は、どういうふうにすればお客さんに商品を買っていただけるかを常に考え工夫し実行しているのです。

私は、サラリーマンの場合も、いうなればこの売りこみの技術というものを大いに考えなければならないと思います。つまり、自分が考えた一つの案が仕事を進めるにあたって、会社として、あるいは職場において採用してもらえるか、不採用になってしまうかということは、もちろんその案自体の内容にもよりますが、やはりある程度は、売りこみ方いかんによるのではないかと思うのです。いいかえれば、上司をして、あるいは社長をして「君の提案はすばらしい。今までのものは廃棄しても君の案を用いたほうがよいようだ」ということで、喜んで用いてもらえるような説明の仕方、理解を得られるような接し方、これがサラリーマンとして大切な一つの技術といえましょう。

もし、そのような技術にそれほどの関心をもたず、みずから説得の工夫をすることもなしに、「うちの上司や幹部は話が分からない」と投げ出してしまったり、不平満々であるならば、自分にとってはもとより会社にとっても大きなマイナスです。

商品を売りこむについては、やはり商品のもつ力が第一にものをいいますが、いくらいい品物でも、売りこみ方が下手では、うまく売れていきません。日々のサラリーマンとしての仕事においても、まず基本的に大事なのはそれぞれの人がもつ実力で、だから、これを養い高めていくことに、絶えざる努力をしていかなければならないことはいうまでもありませんが、それとあわせて、自分の実力を誠心誠意訴え、理解を得ていくという技術を工夫することもきわめて大切だと思うのです。

叱られたら一人前

人はだれでも、厳しく叱《しか》られたり、注意を受けたりするということは、あまり気持ちのよいものではありません。当然叱られるだけの理由があった場合でも、上司に呼びつけられて叱られるというようなことがあれば、その日一日中、なんとなくわだかまってすっきりしない。それがいわば人情で、叱られるより叱られないほうを好むのは、人間だれしもの思いでしょう。

それは叱る方にしても同じです。部下を叱ったあとの、あのなんともやりきれない気持ちは、管理職の人であれば、たいてい経験していると思います。

しかし、人情としてはそうだからといって、その叱られたくない、叱りたくないという人情がからみあって、当然叱り、叱られなければならないことでも、うやむやのうちに過ごされてしまったならば、どういうことになるでしょうか。一度でもそのような考えで物事が処理されると、あとのけじめがまったくつかなくなってきます。仕事や職場に対する厳しさというものが失われ、ものの見方、考え方が甘くなり、知らず識らずのうちに人間の弱い面だけが出てきて、人も育たず成果もあがらず、極端にいえば会社がつぶれるということにも結びつきかねません。

もとより今日よくいわれるように、個人の自主性を重んじ、自発的にのびのびと仕事に取り組むということは大切です。しかしそれは、厳しく叱られることが不必要だということではないと思います。むしろお互いの自主性なり個性というものは、厳しく叱られるということがあってこそ、よりたくましく発揮され、その人の能力もいちだんと伸びるのだと思います。

私も、まだ若くて第一線で仕事をしていたころは、よく社員を叱ったものです。それも血気盛んな時分ですから、一人だけ呼んでそっと注意をするといったなまやさしいものでなく、みんなの前で机を叩《たた》き、声を大にして叱るというようなことがたびたびでした。

ところが、私からそのように目の玉がとび出るほどに叱られた社員が、それで意気消沈していたかというと、そうではありません。むしろそのことを喜び、いわば誇りとするといった姿でした。

それはどういうことかといいますと、創業当初はともかく、会社がしだいに大きくなり、社員の数も増えてきますと、私の方も社員一人ひとりにいちいち注意を与え、叱るということができなくなりました。そうなると、どうしても限られた、責任ある立場にいる人を叱るということになりますから、社員のあいだにはいつとはなしに「大将に叱られたら一人前や」というような雰囲気が生まれてきたのです。ですから、叱られると本人も喜び、またまわりの者も「よかったなあ、おまえもやっと一人前に叱られるようになった」ということで、ともに喜び、励ましあうといった姿が見られるようになったというわけです。そして、そういうことが、社員の成長なり会社の発展の一つの大きな原動力になっていたように思います。

人間というものは、黙ってほうっておかれたのでは、慣れによる多少の上達はあっても、まあこんなことでいいだろうと自分を甘やかしてしまいがちです。そこからは進歩、発展は生まれず、その人のためにも、ひいては会社や社会のためにもなりません。

やはり叱られるべきときには厳しく叱られ、それを素直に受け入れて謙虚に反省するとともに、そこで大いに奮起し、みずから勉励していってこそ成長し、実力が養われるのです。

そのことを、若い人も責任者も肝に銘じて仕事にあたってほしいと思いますし、特に若い人たちは、そこからさらに進んで、叱ってもらうことをみずから求める心境、態度を培うことが大切ではないかと思うのです。

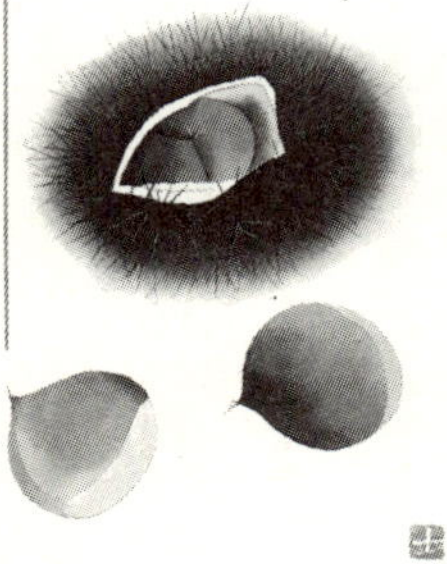

仕事に命をかける

今日、会社員とかサラリーマンといわれる人の中で、自分の仕事、職務というものに、命をかけているという人は、どれぐらいいるでしょうか。

「仕事に命をかけるなど、そんなもったいないことは……」と言う人がおそらく少なくないと思います。しかし私は、自分の仕事に命をかけるということほど、大きな喜びはないと思います。また、どんな仕事でも、それほどの思いで取り組むのでなければ、ほんとうの成功はむずかしいのではないかと思います。

ソ連のガガーリンという人が、人類で初めての宇宙飛行に成功したのは、もう二十年も前のことですが、宇宙ロケットに乗りこむのは、まさに命がけです。もちろん計算上は無事に生還できるはずのものですが、やはりやってみなければ分からないという危険が残っています。にもかかわらず、「私がやってみましょう。命をかけましょう」ということで、ガガーリンはロケットに乗りこんだ。そのことによってソ連は、第一番に宇宙飛行に成功したわけです。もし彼が「いや、それはまだ危険だからやめます。あきませんな」ということであったら、あの成功はなかったでしょう。最近、アメリカが成功した、スペース・シャトルによる宇宙飛行についても、同じことだと思います。

もちろん、宇宙飛行などというのは、きわめて極端な例ですが、私たちが日々取り組んでいる仕事でも、多少ともそういう思い、信念をもって打ちこまずしては、成功はおぼつかないでしょう。ですから、社員たるもの、特に意気盛んな青年社員の人たちは、そのような仕事に命をかける心意気を大いに燃やしていくべきで、それは自分の仕事のしがい、喜びを高めるだけでなく、周囲の人をも目覚めさせ、会社全体に繁栄を生み出す基礎ともなることだと思います。

ところが、そういう姿勢を一人がとると、とかく「あいつは生意気なやつだ」ということで、嫉視《しっし》されるといったことがあります。これは私は、わが国における封建制の一つの遺風ともいうべき、きわめて非民主的なことであって、意気盛んですぐれた力をもった人の出現を喜び、これを押し上げていこうという心持ちにこそ、ほんとうの民主主義があると思うのです。それぞれの人の長所を認め、その長所を伸ばしあい、生かしあっていくところにこそ、民主主義の一つのいい働きがあるのであって、だから、嫉視されることを恐れず、勇気をもって真剣に仕事に取り組んでいくべきだと思います。

そして、もうひと言加えれば、そのように仕事に自分の全生命を打ちこむというような真剣な態度で臨んだ結果、ほんとうに死ぬということはめったにない、かえって活力が湧き、仕事のしがい、生きている喜びをより豊かに味わうことができる、とそう思うのです。

スランプと入社時の感激

私は、少年のころ、大阪でいわゆる丁稚《でっち》奉公をしていたのですが、十五、六歳の年に、少し考えるところがあり、電気の仕事がしてみたいということで電灯会社に勤めることを志願しました。その当時、大阪には、大阪電燈株式会社というところがありましたので、人のツテを頼んで入社を志願したのです。ところがなかなか入ることができません。一カ月たち二カ月たち、三カ月たっても入れません。どうしてもダメなんだろうかと不安に思いながら、しかし、なんとか入りたいという初志を変えず、セメント会社で臨時の手伝い、今でいうアルバイトをしながら日を過ごしておったのです。そうするとようやく四カ月目に、欠員ができたから試験をした上で入れてやろうという連絡がありました。そこで非常にうれしく思いながら試験を受けたところ、幸いにパスすることができたのです。

そのときの私の感激というか、うれしさというものは、今でも忘れることができません。文字どおり待ちに待った電灯会社に、ようやく入社を許されたということで、非常な感激を味わいました。

そして、おそらくその感激が反映したのでしょう。入社後の私の勤務態度というものには、自分でいうのも何ですが、非常に力強いものがあったような気がします。〝せっかく三カ月半もじっと待って、やっと許されて入ったのだから、これはしっかりやらなければならない〝という気持ちで、懸命に仕事に取り組んだものです。そのためもあってか、その後、会社の皆からかわいがられて、当時、見習職工から工事担当者になるのに、普通は二、三年かかったにもかかわらず、私は四カ月目で担当者に昇進しました。そんな経験が私にはあるのです。

なぜこのような話をもち出したのかといいますと、私は、たいていの人が、その程度に多少の差はあっても、会社へ入るときに同じような感激を味わい、喜びを感じていると思います。その感激や喜びをときに思い起こすことが、会社生活を続けていくについて大いに役立つのではないかと思うのです。

会社に入って二、三年もすると、だれでも仕事について、あるいは会社について、いろいろと悩むことが出てくるでしょう。ときには〝自分はこのまま、この会社で仕事を続けていていいんだろうか〟といった気持ちになることもあると思います。いわば慣れからくるスランプとでもいった一つの壁に突きあたるわけです。

そんなとき、そのスランプを乗り越えていくためには、いろいろの方法がありましょう。その中でも、〝初心を忘れず〟ということがよくいわれるように、入社当時の感激や喜び、決意などを思い起こし、自分なりに会社生活に取り組む思いを新たにするということが、その一つの大きな力になるのではないかと思うのです。

鍛練、修業の場

社長時代に私は、社員、特に中堅社員の人たちに、つぎのような問いかけをしばしばしたものです。

「アメリカの大きな会社で新しく会社や工場をつくる場合など、その最高責任者に三十代の人が就任することが少なくないそうです。皆さんもだいたい同じ年齢ですが、もし今、技術部長なり工場長なり、あるいは相当の会社の社長になるように、という社命を受けたとしたら、どう返事しますか。『私は十分、その信頼にこたえ、工場長として立派な製品をつくり、従業員もしっかり教育してみせます』とか、『社長の役を安心して任せていただいて結構です』といった返事がすぐできるかどうか。つまり、会社へ入って十年以上もの経験を積んでいるからには、もし責任者の地位を任されたとしても、日本はもちろん外国のどの会社にも負けないような、立派な仕事をしてみせるというような強い信念を、自分の内に常に養っているかどうかということです。その点、皆さんどうですか。その確信がある人は、手をあげてみてください」

そうすると、手があがる場合はめったにありません。そこで続けて、

「皆さんは、謙譲の美徳を発揮して手をあげないのだと思いますが、

私は皆さんに、そう問われたら、少なくとも心の中では、すぐ手があげられるようになってほしいのです。これまで、皆さんの先輩の中には、新しく責任者の立場につき、そこで社内はもとより業界や世間からも称賛されるような成果をあげた人がたくさんいます。そういう人たちのおかげで会社の今日の発展もあるわけですが、その人たちはみな若いときから、日々過ごしている会社を自分の実力を養う訓練、修業の場としてとらえ、真剣に仕事のコツの体得に努めてきています。だからこそ、新しい職務についたときに十分な成果をあげ得たわけで、皆さんも、そういう日々の努力を怠らないようにしてほしいと思うのです」

私は、こうしたことは、いつの時代においても大切なことだと思います。芸能人でもいわゆる名人といわれる人は、すぐれた素質に加え、寸秒を争うほどの真剣さでおのれの芸に打ちこんでいます。新聞などの劇評で、たった一行でも悪い点を指摘されると、一晩寝ないでそれを考えるとも聞きますが、そういうところから名人芸といったものが生み出されてくるのでしょう。会社の仕事についても同様で、そういう真剣な日々の鍛練、努力がどれだけできているか。そのことを抜きにしては、責任者としての実力なり自信は決して培われないといって過言でないと思います。

いってみればごく当たり前のことですが、毎日、その努力を続けることはなかなかむずかしいもの。ときにお互いのあり方をふり返り、思いを新たにしていただきたいものです。

すぐれた人を生かす協力を

今ここに、百人なら百人の人からなる職場があるという場合、そのうちの一人なり二人が非常に当を得た考えをもっている、また働きも非常に当を得ていて、大きな成果をあげている、というようなことが、どこの会社にもあると思います。そういうとき、その一人なり二人のすぐれた人が、その職場の中で重要な地位に立つようになれば、そのことによって、その職場は全体として非常に高まっていくものだと思います。

以前、私の知っているある中企業でも、こんなことがありました。その会社は、だいたい可もなし不可もなし、という経営状態だったのですが、新たな拡大をはかりたいということで、十人の人を思い切って採用したところ、そのうちに二人ばかり、非常にすぐれた人がいたのです。そこで、その会社の社長はその二人を抜擢《ばってき》しました。もちろん、中規模の企業ですから、長く勤めて経験豊かな人もたくさんいたわけですが、いわゆる新知識をもった人は少なかった。そこへ新知識をもったすぐれた二人が加わったものですから、入社して日は浅いにもかかわらず、社長はその二人を非常に優遇したのです。

そういう場合、普通はとかく、ちょっとやっかいな問題が起こりがちです。どういうことかといいますと、「なんだ、あの男だけえらいうまいことしていて、面白くないな」と、まわりの人が言うわけです。ところがその会社では、社長のもっていき方が当を得ていたというか、日ごろの社員間の意思疎通がうまくいっていたというか、そういう問題も起こらずに、新しい二人が重用されました。そうしますと、三年ほどの間にその会社はすっかり様相が変わって、大きく発展したのです。

私はこの会社のほかにも、それに似た例に少なからず出会っていますが、そういうようなことから、一人なり二人なりすぐれた人の力というものがいかに尊いものであるか、また同時にそういう人が出ることによって、企業全体の人がいかに恵まれるものであるかということを、しみじみと感じたことがあるのです。

こうしたことは、今日の産業界でも、ある程度常識として考えられています。しかし、それを非常に好ましいこととして、積極的にそういう姿を生み出していこうと考えられているかというと、そこまではいたっていないのが実情だと思います。お互い日本人の一つの習性としては、そのような姿を実現するための抜擢に対しては、あまり共感を覚えない。むしろ嫉妬《しっと》心を覚える。〝なんとなく、もうひとつ面白くない、愉快になれない〟というような気分になることが多いようです。そして、そういうことが職場なり会社の発展を妨げ、あるいは職場の人をほんとうに生かせなくしているといった面があるのではないでしょうか。

これは単に、社員の心得として大事であるという程度のものではなく、お互い日本国民全体の心得として大切なことではないかと思います。

お互いに職場の中のすぐれた一人になるよう努めることが大切なのはいうまでもありません。しかし、それとあわせて、周囲のすぐれた一人が上に登ろうとするのを引っ張りおろそうとするのでなく、〝能ある人にはそれにふさわしい仕事をさせよう、さあ、上に上がれ〟とあと押ししてやる。そうすると、上がった人が〝よし、おまえも上がれ〟と引き上げてくれる。そのようにしてみんなが成長し、伸びていくんだというような協力の精神が、会社においてはもちろん、国民全体に、もっと必要ではないかと思うのです。

上役への思いやり

以前にある青年社員と、こんな会話を交わしました。

「君は、アンマができるか」

「いや、できません」

「お父さんやお母さんの肩をもんであげることはないのか」

「はあ、あまりしたことありません」

「それでは君は、あまり出世できんぞ」

その青年は、アンマと出世とどんな関係があるのかと、けげんな表情です。そこで私は笑いながら、つぎのような話をしたのです。

「たとえば、君が、課長と一緒に夜遅くまで残業をしたとする。そうすると、君は若いから元気でも、相当年輩の課長には、疲れが感じられることもあるだろう。そんなときに『課長、ひとつ肩でももみましょうか』ということが言えるかどうか。

会社は仕事の場なのだから、そんなこと言う必要もないといえば確かにそのとおりである。しかし、もし君がそういうことをひと言、ふっと言ってあげたら、それは、どれだけ課長の慰めとなることか。『じゃあ、もんでくれ』と言う場合はめったにない。たいていは『いや、結構だ。ありがとう』と言うにちがいない。しかしそのひと言で、課長の心には、アンマをしてもらった以上の喜びが生まれる。そして課長の口からは、『遅くまで引き止めてすまんな。デートがあったんとちがうか』といったなごやかな言葉が出るだろう。

ぼくはそういう心のかよいあいの中に、仕事がはかどり、ものを生み出す原動力があると思う。だから、君にも、そういう思いやりが、上司に対してはもちろん、周囲の人たちに対して自然にできる人になってもらいたいし、そうなってこそ、君の仕事の成果も大いに高まるのではないか」

実際、このようなことは、おべっかでもゴマスリでもありません。目上の人を尊敬し、疲れた人をいたわるのは、人情の自然で、この思いやりの交流は、人間として当然のことだと思うのです。

もちろん、なにか策略的な魂胆からものを言うとか、出世に役立てようとして行うとかいうことであれば、それはすべて相手に伝わって、かえって逆効果になるでしょう。世間というものはそれほど甘いものではありません。しかし、誠意や真心から出た言葉や行動は、それ自体が尊く、相手の心を打つものです。誠意や真心などというと、古くさいことのように感じられるかもしれませんが、私はそのような真心にもとづく思いやりの実践をごく自然にできることが、現代の社員にも求められる大切な要件の一つではないかと思います。

第三章

幹部社員の心得

〝部下が悪い〟のか

ある一つの部の業績がどうもうひとつあがらないという場合、その担当の部長から言いわけを聞くことがあります。どんな言いわけかといいますと、

「一生懸命やっているのですが、課長の人たちの中に、どうも適当でない、使いにくい人がいて、成績があがらないのです。申しわけありません」

確かに現実の姿としては、そのとおりのことがあると思います。し

かし、だからといって、部長にそのような言いわけが許されるものでしょうか。

一つの部には、その部として果たすべき大切な使命があります。そして、その使命遂行の最高責任者はだれかといえば、やはりほかならぬ部長自身です。とすれば、もし部下の中に使命遂行に不適当な人がいて、そのために成績があがらないということであるならば、そのことについても、部長が何らかの対策を講じなければなりません。つまり、その部下を他の人にかえてでも使命の達成をはからなければならないというのが、部長の責任というものでしょう。

そのためにはどうするかといえば、やはり社長なり会社の首脳者に、その実情を訴えなければなりません。「あの部下は他の部署に行けば、さらに適職を得て十二分にその能力を発揮できるようになるかもしれませんが、自分の部にいるかぎりは、適性を欠いていると思います。ですから、部のためにも会社のためにも、また本人のためにも、他の部署にかえていただきたいのです」という提言をしなければならないと思うのです。

ところが、そのような場合、往々にして〝そんなことを言うのは、自分が部下を使いこなせないのを示すようで、部長としての体面にかかわる〟とかいった人情が働き、そこまで踏み切れないということがあります。しかし、そうした人情にとらわれて、言うべきことを言わないということでは、部長としての使命感がうすい。いいかえれば、世間からあずかっている大きな仕事の使命というものをなおざりにしている、ということになってしまいます。

これは、部長自身のことについてもあてはまることだと思います。自分が部長として適任でないと思えば、それを社長なり首脳者に訴えなければなりません。「自分は部長として一年間やってきました。けれども、十分な成果をあげ得ませんでした。それはやはり自分に部長としての適格性が欠けているからだと思います。だから自分は部長を辞めて他の仕事につかせていただきたい」ということを、自分自身のことであっても訴えるべきだと思うのです。

もちろん、部下のことにしろ自分自身のことにしろ、適格であるか否かの判断は、私情にとらわれることのない適正なものでなければなりませんが、そうであるかぎりは、不適格な人をかえるのに躊躇《ちゅうちょ》してはいけないと思います。そして実際、他の部署にかわることによって、そこで立派に花を咲かす人もたくさんあるわけです。

これは結局、部の運営がうまくいくもいかぬも、部長一人のあり方いかんにかかっている、つまりは部長一人の責任であるということですが、会社が着実に発展していくためには、そういうことが日に月に適切に行われなければなりません。それだけの責任を常に負うているのだという自覚こそ、幹部社員として欠かせない一つの大切な要件ではないかと思います。

〝私の責任です〟

幹部社員としての責任ということについてもう一つふれておきたいと思います。

会社では、物事を決めるのに、たとえば会議などを開いて慎重に検討し、皆の意見をとりまとめて決定するといったかたちがよくとられます。それがいわゆる民主主義的なやり方というわけですが、私は、そのようにたとえみんなで一緒に決めたというかたちになるにしても、その決定を実際に採用するか否かは、その部門の責任者、いわゆる〝長〟の判断によるものだと思います。

つまり長たるものは、その判断をするにあたって、最終的には自分一人の責任においてこれをしなければなりません。いくら大勢で決めたことだからといって、一度それを採用したからには、すべての責任をみずからが負うのがほんとうです。「それは私の責任です」ということが言い切れてこそ、責任者たり得るわけです。

ところが実際においては、そういうことをわきまえている人は、それほど多くないように思われます。したがって往々にして、「みんなの意見で決まったことですので……」といって、責任者が負うべき責任をも回避するというようなことが起こってきます。

しかし、たとえ多数決で決まったことであっても、その責任者が

「これは絶対によくない。自分の責任においてできることではない」と判断した場合は、そのことをはっきりと明言してそれをやめさせるか、それができなければみずから責任者としての地位をいさぎよく退くということも考えられると思います。とにかく責任者としての出処進退を明らかにするということです。

それをせずして、「自分としては賛成しかねるのだけれど、全体で決まったことなので……」などというのは、責任者としてとるべき責任の自覚が欠けているということになるのではないでしょうか。

そうした態度が必要なのは、自分の部内の問題に限りません。会社全体の問題についても、必要があれば社長や重役に対して、みずからの責任において言うべきことを言わなければならない。そういう責任ある姿勢、態度をとってこそ部下や上司の信頼も集まり、力強い仕事を進めていくことができるのではないでしょうか。

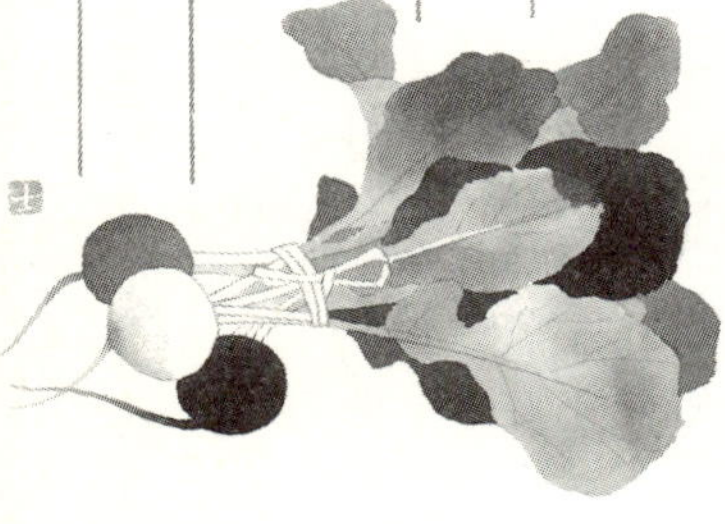

プロの実力を養う

会社へ入って十年なり二十年なりたてば、それぞれに重要な仕事を受けもつようになります。しかし、その自分の仕事について「私はプロとして一人前だ。これで飯を食っているんだ。だから、自分はこの仕事に自信をもっている」と言い切れる人が、どれほどあるでしょうか。

日ごろ、自分の仕事にある程度の自信はもっていても、さて改めて、「仕事のプロとしての自信は」と問われると、「自分はもうベテランだ。碁なり将棋でいえば、玄人の三段ぐらいの実力をもっている」といった確信にみちた答えは、なかなかしにくいのではないかと思うのです。

しかし、幹部社員ともなれば、やはりそういう答えができるだけの自信と実力を常に養っていなければなりません。

これは、ごく卑近な例ですが、筆で文字を書くという場合、習い始めたばかりの初心者は、長い時間かけていろいろ苦心しても、なかなかいい字が書けません。しかし、書道の達人ともなれば、白紙の上に瞬時にして、人が称賛するような字が書けます。そこには、きわめて大きな力の相違があるわけです。

私たちが仕事の上で、いろいろとものを考案し、生産し、販売するにあたっても、同じことがいえると思います。瞬間に立派なものを考案し、瞬間に製造ができるということは、その道の達人になってはじめてできることです。できることはできるけれども、そのために十日も二十日もかかるというようなことは、ものによってはそういう場合もあるでしょうが、決してほめられることではない。それは、結局、未熟であることを示すものだと思います。

さきの大戦中に、つぎのような話を聞いたことがあります。それは、わが国では、飛行機に一つの欠陥を見出した場合、改善するために設計にかかって、それを製造に流すまでに数カ月、場合によっては一年もかかっていた。それがわが国の軍部の技術であった。ところがアメリカは、一回の戦闘で不備な点が分かると、わずかな技師で一週間のうちに全部その欠点を直してしまう。だから、つぎの戦闘には改造された飛行機が飛んでくる、というほど早くものができたというのです。真偽のほどは分かりませんが、技術なり機械設備なりがすぐれていて、しかも設計にあたる人が達人というか熟達した人であるならば、そのようなことは十分にあり得ることだと思います。

そして、そうした非常にスピーディーな商品開発なり仕事の進め方が、現実になされているのが今日の産業界です。そういう中で幹部社員としての職責を果たしていくためには、やはり「自分は仕事のプロである」と言い切れるだけの自信と実力をもたなければならない。しかもそれは、世の中がどんどん進みつつありますから、その速い世の中の動きに刻々についていけるだけの実力でなければなりません。きょうの仕事のプロとしての実力が、あすは素人の域に転落するといったことさえ現実に起こる可能性が十分あるわけです。

そのようなことからしますと、幹部社員たるもの、絶えず自分の実力について自問自答しつつ、真剣にその涵養《かんよう》をはかっていかなければならない。そしてそういう努力を続けるかぎり、人間の考え、人間の実力の伸びというものは際限のないものだと私は思います。

人を育てる要諦

〝企業は人なり〟ということがよくいわれますが、会社の経営において、よき人材を育てる必要があることは、改めていうまでもありません。一つの部や課においても、人材が次々に育ってこそ、その成果もあがり、発展が生み出されるわけで、人材育成は、責任者が一刻もゆるがせにできない大切な任務の一つです。

それではどうすれば、よき人材を育てることができるのか。大切なことはいろいろあるでしょうが、私はその一つというかその基本として、まずその部なり課の方針というものをはっきり示す、ということをあげたいと思います。「われわれの部は、社内にあってこれこれこういう分野の仕事を担当している。このわれわれの任務を、より正しくより効率よく果たしていくために、今後はこういう方針で、こういうことに取り組んでいきたい」ということを、部長が部員全員にはっきり示し、訴えるのです。そして「諸君は、こうした当部の方針、目標を理解して、みずから大いに勉強に努めてほしい。むずかしいことがあれば相談にのるから」ということを、機会あるごとに要望していく。そういうことがまず基本だと思うのです。

会社全体についても、社長が「会社はこういう方針でやるんだ。だから皆さんは、この方針に沿って腕を磨いてほしい。みずからを養ってほしい」と要望すれば、社員は必ずそれぞれに努力するものです。会社に何も方針がない、あるいはあってもそれが強く訴えられないということだと、社員は何をどうしていったらいいか分かりません。ただなんとはなしに日を送るということになって、なかなか力を高めるところまではいきません。

これは、国の場合も同じです。国としての目標がはっきりしていれば、その目標に向かって教育が始まり、国民もまたその目標に向かって努力します。そうすればその国は発展する。また、個人の場合でも、やはり自分自身で目標、方針をキッチリ定めてこそ、その達成をめざす努力に力がこもり、力を伸ばしていくことができるのだと思います。

一つの部課の場合、その方針、目標は、会社全体のそれに沿ったものでなければならないことはいうまでもありませんが、そういう方針を責任者として部員に明確に示しているかどうか。「うちの部員はどうも勉強が足りない」と嘆く前に、まずみずからの姿勢をふり返ってみる必要がありはしないでしょうか。

部下のじゃまをしない

人間というものは、もともと働きたい、人のために役立ちたいという気持ちをもっているものです。「君は、仕事をせんで遊んでおったらいい」と言われたら、一時的には喜ぶ人もあるでしょうが、時間がたてば、たいていは困ってきます。そういう人間本来の性質を思うとき、私は部下に大いに働いてもらうコツの一つは、部下が働こうとするのを、じゃましないようにするということだと思います。もともと働こうと思っているのに、それに水をさすようなことを言われれば、部下としては面白くありません。〝きょう一日、休んでやろうか〟といったことになってしまいます。

私は、社員の人たちが一生懸命働いているのを、できるかぎりじゃましないよう心がけてきました。しかし、それでは注意も何もしないのかというと、そうではありません。責任者として言わなければならないことは、ちゃんと言うように努めてきましたが、その際に、働くのをじゃまするような言い方をしないよう気をつけたわけです。

よく「あの人のもとだと、なんとなしに働きやすい」とか、「あの人は自分をよく理解してくれる」といったことが言われますが、それは結局、じゃまをしないからだと思います。ところが実際には、部下に一生懸命働いてもらおうと願いながら、そのなすところが、かえってじゃまをしている場合が少なくないのです。

このじゃまをしないということは、いいかえれば、その人を信頼して任せるということを基本とすることだと思います。もちろんお互いに神様ではありませんから、部下を一〇〇パーセント信じて任せるということは、なかなかできることではありません。六〇パーセントは大丈夫だと思うけれど、あとの四〇パーセントはどうか分からんという危惧《きぐ》の念が生ずることもあるでしょう。しかし、そういう場合でも、六〇パーセント以上の可能性があれば、「君、やってくれよ。君ならできる。頼むわ」ということで任せる。そういう態度を基本にして、その過程で気づいた大事なことは、その人の自主性を尊重しつつ遠慮なく注意する。そうすると、失敗するよりも期待にこたえて成功してくれるほうがはるかに多い。そういうことが私の体験上からもいえるように思うのです。

日ごろ、部下に働いてもらうことに熱心である人ほど、ときに自分が部下の働きをじゃましていないかどうか、省みてみたいものだと思います。

対立をどう防ぐ

ある一つの部門で、社員どうしあるいは課長どうしのあいだに対立が生じて、人間関係がスムーズにいかなくなるということがあります。それは好ましくない姿であることはいうまでもありませんが、お互いが人間である以上、そのような姿が起こってくるのはやむを得ない一面でしょう。

したがって、ある程度は、そのような対立も是認しなければならないということになりますが、幹部社員としては、そのような対立ができるかぎり少なくなるような配慮を、人事面でしていくことが大切だと思います。

たとえば、一つの部門を三人の課長で運営するという場合、三人がまったく同じような性格で同じような実力の持ち主であれば、どうしても意見の対立が多くなります。ですから、一人は決断力に富む人、一人は協調性がある人というように、それぞれ持ち味の異なる三人を組み合わせて一つのチームを編成するようにする。そうすれば、そこに対立少なく効率のいい運営ができるという姿が生まれてくるでしょう。そのような人事配置面での周到な配慮が、幹部社員には、絶えず求められていると思うのです。

もっとも、自分の部下については、そのような配慮をすることで、ある程度スムーズな運営ができるとしても、むずかしいのは、自分自身を含めた幹部社員どうしのあいだの意見の対立にどう対処していくかということです。幹部社員どうしの意見の対立は好ましくないから、これを防ごうと思っても、自分もその一人だとなかなかそれがうまくいきにくいという一面があります。しかし、その場合でも、やはり、それぞれの担う役割を異なるようにもっていくことが、一つの大きなポイントだと思います。

たとえば、幹部社員が三人でチームを組むという場合、三人がまったくの同格であると、やはりなかなかうまくいきません。だれか他の一人を最高責任者にして、その人の意見を絶えず尋ねながら事を決していくという行き方をとるか、自分が首脳者になって、他の二人の意見をよく聞きながら、その取捨選択を自分がしっかりするか、どちらかの行き方をとるようにすべきだと思います。

そのようなことに関連して、私は以前、ある人に一つの忠告をしたことがあります。その人は社長として活躍している人でしたが、私はその人に「君のいちばんいかんのは、君の会社の幹部に、君の友人をおいていることだと思う」ということを言ったのです。

それはどういうことかといいますと、その社長は自分の友人をその会社の常務に迎えていたのですが、その点を私は心配したのです。つまりそうした場合には、まず「君がこれから私の会社に入ってもらうについては、これまでのように友人ではなく、私の部下になるんだという意識に立ってもらえるか。そういう意識をもってもらえるならば、喜んで君を迎えよう。しかし、友人としてぼくを手伝うという気持ちであるならば、この会社には入らず、外部にあって協力してほしいが、どうか」といった念を押しておく必要があると思うのです。

社長がそのような見識に立たず、曖昧なままで友人を常務にするというようなことをしますと、その友人は、常務として社長に対するというより、やはり友人として社長に接します。そうなると、たとえば意見が異なる場合には、大いに言うべきが友人として正しい態度だというように考えますから、社長がこうしようと決断しようとしても、常務がなかなか納得せず、必要以上に意見の対立が生ずるといったことになりがちだと思います。

そういう弊害が感じられましたので、私はその社長に忠告をしたわけですが、自分自身も含めて人の組み合わせに十分の配慮をするということが、幹部社員にとってはきわめて大切ではないかと思うのです。

失敗したときに出る真価

人間は、ときに思いもよらない過ちをし、失敗をするものです。会社で仕事をしていても、思わないときに「しまった！」ということで頭をかかえこむことが生じてきます。もちろん過ちや失敗は、初めからないにこしたことはありませんし、だれでも失敗をしようと思ってやる人はありません。しかし、そこは完全無欠は望むべくもない人間のことですから、そういうことがときに起こるのも、一面やむを得ない姿ともいえましょう。

ただ、大切なのは、過ちをおかしたときに、これにどのように対処するかということだと思います。この処し方いかんによって、人間としてのほんとうの値うちが決まるといっても決して過言ではないと思うのです。

それでは、どうするのがいいのか。いちばんいいことは、やはり素直に自分の非を認め、すぐにこれを改めるということです。きわめて平凡なことながら、これよりほかに最善の道はないと思います。

よく失敗をした人の中には、「今さら後戻りもできない。それに自分のメンツもある」ということで、そのまま無理矢理に突き進み、失敗の上にさらに失敗を重ねるという人がいます。これは私は、最も危険なことだと思います。過ちをおかすことよりも、むしろこのことのほうがよほど恐ろしいといえましょう。

お互いに神様ではないのですから、長い一生のうちには、いろいろと過ちをおかすことがあると思います。そのときには、素直に改めるべきを改める。それは、上に立つ人ほどよけいそう心がけなければなりません。とかく上に立つ人は、その立場上、過ちと分かっていながらも、なんとか自分の失敗を隠そうという気になりがちです。その結果、かえって失敗の上塗りとなって、自分も困り、会社や周囲の人にもたいへんな損害を与えることがあります。

この点をお互いに十分戒めあいたいものですが、それと同時に、過ちをおかした人に対しては、これをあたたかく許すという寛容の気持ちをもつようにも心がけたいものだと思います。

禍を福に転ずる

会社の社員として仕事を進めていく過程においては、たとえ会社全体としては順調な発展を見ているという中にあっても、個々の仕事の上には、いろいろの問題、困難が起こってくるものです。これは、会社での生活に限らず、家庭においても、あるいは個人の人生でも同様で、それぞれの生活の場において、五年なり十年なりを何らのトラブル、困難もなく楽しみつつ送れるというようなことは、きわめてまれであると考えられます。

そういうことが人の世の常であるとすれば、大事なのは、お互いにいつの場合でも、それに向かってある種の覚悟というか、信念をもって対することではないかと思います。つまり、私たちの仕事には、常にある種の難問題がふりかかってくる。その難問題を受けて立つ信念、覚悟があるかないかということがきわめて大事で、そういう信念に立たないという場合には、難問題がふりかかるたびに動揺したり、挫折してしまいます。それは失敗の状態といえましょう。

私自身にも、過去いろいろの出来事がありましたが、幸いにして一つのことが起こるたびにいい結果を招いた場合が多いのです。ある品物をつくって売ろうとしたが売れなかった。そのことは完全に失敗です。しかし、それが売れなかったことから、一つの発見をすることができて、それが後日、大いに役に立った、といったことが絶えず起こってきたのです。

たとえば、ある一つのことについて、お得意先からたいへんなお叱りをこうむるという場合があります。社員が帰ってきて、「こうこうで、もう松下電器と取引はしない、と言って先方が怒っておられます」といった報告をするのを何べんも聞いたことがあります。

しかし、そういうとき私は、〝これはまことにいい機会を与えられたんだ。そういうようにお叱りをこうむるというのは、大きな縁が結ばれる前兆だ〟と考えました。

そして社員に「君が行って、松下電器が考えていることをもう一ぺん話してみてごらん。〝社長に帰ってそう報告したら、社長はこういうように言った〟ということを、君、もう一ぺん話してきたまえ。ぼくの考え、ぼくのなさんとすること、それは相手の方にとって決して悪いものではないと思う。なるほど一部にはいたらない過ちがあってお叱りをこうむるのはやむを得ないとしても、その根底においてわれわれは、先方の利益なり立場なりを十分に考えているつもりだ。それを一ぺんの過ちで全体の方針まで否定されるというのでは、いかにも残念だ。だから、全部の状態を話して、なおそれでもいかんというのであれば、潔く引き下がろう。君、決して遠慮はいらないから、もう一ぺん行って、こういうふうに言ってみてくれ」

そんな話をしたことがよくありました。そして、その人が行くと、「君のところのオヤジはそう言っているのか。よく分かった。それならば考え直して、また大いに取引をしよう」ということで、そういう一つの過ちをしたことが機縁となって、かえって大きな縁が結ばれ、以来私どものファンになってくださる、というような傾向が、さまざまな面にあったように思うのです。

そういうとき、もし私が、自分のことのみを考えているということであれば、そういうことを先方に申し出る信念も湧かず、叱られれば叱られて頭をかくという程度に終わっていたと思うのです。しかし私は、仕事というもの、経営というものは決して私のものでなく、人々のため、お得意先のためになるようがんばっているんだと考えており、そういうことを常に自問自答し、反省を重ねて日ごろの信念にしていたことから、そのような強い立場に立つことができたと思うのです。そしてそれによって、いわゆる禍《わざわい》を福に転ずることができたわけです。

このような信念が、お得意先とのことに限らず、仕事全般に必要なのではないでしょうか。

実力を正しく測りつつ……

「あの人は、平社員であったときには仕事もよくできて、非常に有能であったけれども、主任になったら部下にも十分働いてもらっていないし、自分もあまり仕事ができていないようだ」とか、「彼は課長としてはまことに立派な課長だったが、部長になったら、どうも成績があがらない」といった話をときに耳にすることがあります。

最近では多少変化が見られつつあるようですが、わが国にはいわゆる年功序列制というものがあって、能力以外の配慮から昇進昇格させせるということも、一面にはあると思います。そうしますと、部長なり課長なりになって本人も喜び、周囲も祝福するけれども、あにはからんや本人にはその力がなく、結局はその人の不幸ともなり、会社にもマイナスになるということも起こってきます。

そんな場合、もしその人が、自分の実力というものをよく認識していて、たとえ会社から「君、部長になってくれ」と言われても、「いや、私には課長は務まりますが、部長になるには力不足ですので、辞退させていただきます」と言ったとすれば、その人はまず失敗しないでしょうし、課長として成功できる人だと思います。

もちろん、これと逆の場合もあり得ましょう。

これは結局、お互いが自分の能力を知り、その上に立って自己の適性というか、力の限度に合った仕事をしていくことが大切だということだと思います。

もし五十の力しかない人が、七十の仕事をしようとしたら、失敗するのは当然です。反対に、もし百の力のある人が、七十の仕事をしていたのでは、これは失敗はしないでしょうが、きわめてもったいないムダをしていることになります。やはり百の力をもった人は、それを適正に認識し、少なくとも九十五の仕事をやるということでなくては、本人のためにも社会のためにも損失でしょう。

そのように、常に自分の能力というものを検討し、その適性に合った仕事をしていくという心がけが、特に管理職の人には大切だと思います。そうすれば、そこにはおのずから不平不満なく、むしろ喜びと楽しみをもって仕事ができるという姿が生まれてくると思うのです。

社員として、また人間として尊いのは、大きな仕事をすることではなく、自分の力に合った仕事に誠心誠意取り組み、それに成功することだと思います。

ただその場合、もう一つ大事なのは、そのような能力なり適性というものは、固定的で不変のものではないということです。というより、多くの場合、刻々に進歩、向上するものであり、またみずからの努力で進歩、向上させていかなくてはならないものです。

したがって、一面にその時々の自分の力を検討し、それを超えた仕事をしないということを心がけつつも、つぎにはさらに大きな仕事、高度な仕事に適応できるように、絶えず自分を高めていく努力を欠いてはならないと思います。

そういうことが、自分自身にとってもその働きが有効に生かされて大きな喜びとなるし、ひいては会社や世の中にも貢献する結果になると思うのですが、どうでしょうか。

大事に臨んで間に合う人に

〝人多くして人なし〟という言葉を、以前、ある先輩から聞いたことがありますが、確かに会社の経営においても、普通の状態でなら間に合う人は大勢います。しかし、さて大事に臨んで間に合う人は、というと、実際、そう多くはないように思います。

もちろん、普通の仕事に間に合う人も大切です。そして、多くの人に、大事の場合に役に立つ人間であることを望むことは無理かもしれません。しかし、実際に会社が大事に直面した場合には、その難関を切り抜けるために役立つ人間が、ある一定数はどうしても必要です。

では、どういう人が大事において役に立つのでしょうか。その道の知識とか経験が大きな比重をもつことは当然ですが、ただそれだけではダメだと思います。そういうものに加えて、いざというときには命を賭《と》すというか、事志に反すれば死をもってこれにあたるというような気がまえを、いつの場合でももっていること、そういう人であってはじめて、ほんとうに大事に役立つ人たり得るのではないでしょうか。

以前、ある書物で、こんな話を読んだことがあります。それは、明治時代の日本の興隆期のことですが、当時、明治政府の大臣が、事が困難になったことの責任をとって、みずから辞職するということが相次いだ。そのときに明治天皇が「諸君は辞職してそれでよろしいが、私はどうするんだ。私は辞職できないではないか」ということを仰せになったというのです。

私はこれは結局、明治天皇が、死を超越して事にあたっておられたところから出たお言葉だろうと思います。周知のようにわが国は、明治時代のわずか四十五年間に、それまで電車もなく電話もなく何もない、文化的にも貧弱な状態から出発して、世界の五大強国の一つにまでなりました。そうした近代国家としての礎を築く画期的な興隆が実現できたのも、明治天皇のような、いわゆる大丈夫の精神に立つ指導者を得ていたことが大きな要因だったのではないでしょうか。

そこまで徹することはなかなかむずかしいにしても、幹部社員たるものはやはり、大事に臨んでこれに敢然と立ち向かえる気がまえというものを、日ごろから養い高めておきたいものだと思います。

悩みあればこそ……

一つの部門の責任者あるいは一つの会社の幹部として仕事をしておりますと、つぎからつぎにと、いろいろな問題が起こってきます。はた目にはきわめて順調に推移しているように見える部門や会社でも、その責任者の心中には、〝あれも早く対策を講じなければならない。これもすぐ手を打たないと……〟といった問題というか悩みが、渦をまいている。ときにはそれが気になって、食事もうまくない、夜もよく眠れないといったことにもなってきます。いきおい〝なんとかすべての問題をうまく解決して、安心して仕事にあたりたいものだ〟といった願いをもちつつ仕事に取り組んでいる人が多いと思います。

しかし私は、そのようないわば絶対安心の境地というものは、ほんとうはあり得ない。だから私たちがとり得るのは、そうした絶対安心の境地を求めて、最善の努力を重ねていく、という行動以外にないのではないかと思うのです。

私自身の経営者としての歩みをふり返ってみても、日々これ戦い、日々これ競争という意識が常に働いており、一歩誤ればたいへんなことになるというようなある種の脅威を感じながらの毎日だったように思います。ですから、絶えず〝これではいかん、あれもしなければ、これもしなければ……〟といった心配があって、一日たりとも安閑としていられなかったというのが正直なところです。

しかし、考えてみますと、仕事をしているからには、そのような姿がいわば当たり前で、そのような心配を重ねてきたからこそ、今日までなんとかそれなりの成果をあげつつ、仕事を進めてくることができたのではないかという気がするのです。

こうしたことは、一国の運営というものについても見られることだと思います。それぞれの国の運営にあたる人々は、これまで絶えず、その存立を危うくする何らかの脅威を少なからず感じつつ、なんとかより以上の発展を実現しようと努力してきているのだと思います。にもかかわらず、その国のおかれた立場なり地位というものは、刻々に変化していきます。現に戦後長いあいだ世界のリーダー国として自他ともに認める存在であったアメリカにも、最近ではいろいろな面で威信低下の姿が見られるようになってきています。一国の運営にあたる人といえば、それぞれの国を代表する立派な方々といえましょうが、そういう方々が懸命に努力している国についても、それほどの変化、消長があるわけです。

まして、私たちの会社なり部署なり、あるいは個々人については、国以上に激しい変化があるのが普通だといえましょう。ですから、お互いの日々の仕事においては、心配も何もなくしてうまくいくということは、ないのが本来の姿で、したがって、あれこれ思い悩み、心配するということが、むしろなければならないと思うのです。

それは、つらいといえばつらいし、苦しいといえば苦しいことです。しかし、そうはいうものの、どんな心配、悩みの中にも、お互いの生きる境地というものはあるものだと思います。つまり、〝幹部社員には悩みや不安が多いのが当然で、それがいやなら職を辞せばいい〟といったように、まず腹をすえる。その上でそういう心配、悩みがあるからこそ、自分たちは勉強するんだ、それがお互いの刺激、薬ともなって、新しい工夫やすぐれた品物を生み出すことができるんだ、というように考え、その心配、悩みを克服していく。そういうところに幹部社員としての仕事の喜び、さらには生きがいを見出していくという姿勢が大切ではないかと思うのです。

“道は無限にある”の信念

会社の経営においては、今日、製造や技術、販売その他の各面に、いろいろ進歩した方法が生み出されてきています。その進歩、発展ぶりにはまことに目をみはるものがありますが、しかし考えてみますと、これは今日の時点における進歩、発展です。もしこれが、百年なら百年先になったらどうでしょうか。百年先の人々は、今日のわれわれがしていたことを見て、「あの時分はこんなつまらんことをやっていたんだな」と笑うかもしれません。私は世の中というものは、それほどに進歩していくものだと思います。

今日は不可能だと考えていることが、百年先にはその大半が可能となる。そしてまた別のもっと大きな問題が生み出される。そのようにして、人類が存在するかぎり、隠された新しい方法というものが、いわば無限に発見されていきます。その無限にある方法を、一つひとつほどいていく、一つひとつ見出していく。そういうところに、お互い産業人としての大きな使命、役割があるということを、特に責任者の立場にある人は、常に自覚しておく必要があるのではないでしょうか。

そういう自覚にもとづく強い信念をもつならば、私は、仕事というものはほとんど順風満帆というか、自分では相当に苦心していても少なくともまわりからは順風満帆と見える成功を収めていくことができるのではないかと思います。

もっとも、その際にきわめて大事なのは、そのようにどんな困難なことにも、さらにいい方法があるんだ、という自覚、信念に立って、〝何ごとでもやればやれるんだ〟ということを力強く社員の人たちに訴えていくということです。

物事というものは、責任者ができないと思ったならば、できるものでもなかなかできません。しかし、責任者が〝これはやれば必ずできるぞ〟という考えに立ち、十人なら十人いる部下を集めて、「これは、こういうことでやりたいと思う。諸君、やってくれるか。私はやれると思うから、諸君もぜひ力を尽くしてほしい。諸君が協力してくれるなら、自分が先頭に立ってやるから」と力強く訴える。そうなれば部下も「大いにやりましょう」ということになってきて、ついにはそれが実現できるものです。

もちろん、その場合、めざす目標がいわゆる理にかなったもの、道にかなったものでなければなりませんが、そうであるかぎりは、すべてが予期したとおりにいくということはなかなかむずかしいにしても、ややそれに近い情勢は、必ず生み出していけるものだと思います。私自身も、これまでおおむね、そういうやり方をしてきましたが、責任者のそうした呼びかけ、訴えがあれば、そこに社員全員の衆知というものが集まって、全員の知恵で新しいものが発見され、製造なり技術においても、販売法についても、あるいは経営の仕方そのものについても、より新しくよりよいものが生み出されてくるものです。

そのような意味で、責任者というものは、決して消極的、悲観的であってはならないと思います。〝失敗するかもしれない〟とか〝おそらくできないだろう〟ということでなく、〝やれば必ずできる〟〝もし転んでも、そこに転がっているものをつかんでやり直そう〟という積極性、根性をもつ。それが責任者たるものの絶対的な要件の一つといえるのではないかと思います。

好きになる

新入社員から幹部社員まで、体験を通じて私なりに大切と考える心得についていろいろあげてきましたが、最後にもう一つ、すべての社員に共通し、これまで述べてきたさまざまな心得を実践する原動力ともなるのではないかと考えられることについて、ふれておきたいと思います。

といっても、それは特別のことではありません。むしろきわめて平凡で、〝なんだ、そんなことか〟と思われるようなことですが、ひと言でいえば、自分の仕事を心底、好きになる、ということです。

仕事というものは、〝会社から命じられたし、自分は社員であるからやらざるを得ないんだ〟というようなことでは、いい仕事はとうていできません。仕事を進めていく過程では、はたの人が見たら〝つらいだろうなあ、気の毒だ〟と思うような場合も、しばしばあると思います。仕事のことがいろいろと気になって、夜も眠れない。それで奥さんが心配するというようなこともあるかもしれませんし、友人に「おまえ、そんなに苦しんで、いったいどうなっているんだ。大丈夫か」と言われるようなこともあるかもしれません。

しかし、はた目にはそういう状態であっても、自分自身としては少しも苦痛ではない。仕事のことを考えることが、面白くて面白くてしようがないんだ、というようなことが考えられるかどうかということです。

というのは、社員としての生活、特に責任ある立場に立ち、何人もの部下をもって仕事をするというようになれば、なかには自分の思うとおりに動いてくれない部下も出てきます。いちいち理屈を言う人もあるし、誤解する人もあるし、なかなか自分の意を素直にくんでくれないという場合が生じてくる。そんなとき、人間であればだれでも、ときには〝かなわんなあ〟〝困ったなあ〟〝わずらわしいなあ〟と思います。

しかし、そう思っても、その一方でまた、〝なんとか誤解をなくしてあの人たちを立派に育てよう、協力してもらえるようにしよう〟と思い直し、みずからを慰めるということが必要です。そうでないと仕事の成功は望めないと思います。そして、そうした思い直し、気分の切り替えができるかどうか、それが私は、その人が仕事が好きかどうかにかかっていると思うのです。

好きであれば、それがそれほどの苦もなくできます。一時的には〝わずらわしい、困ったな〟と思っても、つぎの瞬間には〝その苦労を乗り切ることが面白いんだ〟ということでかえって勇気が湧いてきます。しかし、嫌いだとそうはいきません。嫌いな人は、だんだんその苦しさがつのってきて、頭が痛くなってくる。そして〝もう自分はこの仕事から逃げたいなあ〟といったことになってくるわけです。それでは仕事を全うすることはできません。

こうしたことは、会社の仕事に限りません。たとえば芸術家でもそうだと思います。絵を描くことが好きであるから画家になることができるわけで、嫌いな人は、どれほど勉強したとしても画家にはなれないでしょう。しかも、好きな人の中でも、すぐれた画家になれるのは、ごくわずかの人たちです。まして、好きでない人が秀でるということはあり得ない。そういっていいのではないでしょうか。

私は、お互いが会社生活を送るにあたっては、何といっても仕事なり経営のコツをつかむということが大切だと思います。コツをつかんでいないと、どんなに一生懸命に事にあたっても、労多くして功少なしということになってしまいます。そして、この仕事なり経営のコツというものは、人から教えられて身につくというものではなく、自分で体得するというか、悟らなければならないものだと思います。

もちろん人から教えられることは参考にはなりますが、結局は自分が実際に仕事の場に立ち、体験を重ねる中でみずから悟っていかなければなりません。その過程では先輩に叱られたり、こづかれたり、ときにはいじめられたりということもあるでしょうが、そのように会社の中で、もまれもまれていくうちに、そのコツを自分なりに会得することができるわけです。

しかし、それができるのも、やはりその人が仕事が好きな場合だと思います。嫌いでいやいややっていたのでは、苦しみや不満ばかりが残って、コツはつかめない。私は、仕事なり人間というものは、だいたいそんなものではないかと思います。

そのようなことを考えてみますと、社員の心得として大事なことはいろいろあるけれども、その基本となるのは、やはりこの、自分の仕事が好きになるということではないかという気がするのです。

ですから、自分は仕事が好きであるかどうか、ということを絶えず自問自答しつつ、仕事が好きになるように努めていきたい。「よく考えてみると、自分はこれまで苦労だ、苦労だと思っていたけれども、仕事というものはきわめて面白いものだ。自分の仕事の進め方一つで、周囲の人々の働きがいを高め、その長所を引き出していくことができるようにもなる。だから、興味津々として尽きないものがある」といったことが言えるようになりたい。

そして自分の娯楽をやめる必要はないけれども、三つの娯楽は二つにとどめて、仕事に面白味を見出し、味わうというようなことができるようになるならば、私はその人は、社員として必ず成功するでしょうし、仕事によって非常に救われる人である、そう思うのですが、いかがでしょうか。

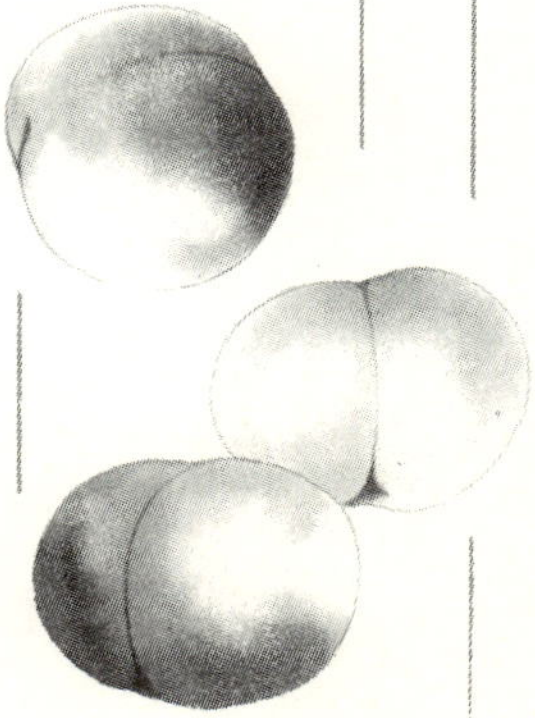

この作品は、一九八一年九月にＰＨＰ研究所より刊行された。

ＰＨＰ文庫　社員心得帖

2001年５月15日　第１版第１刷

著　者　松下幸之助
発行者　江口克彦
発行所　ＰＨＰ研究所
東京本部　〒102-8331　千代田区三番町３番地10
文庫出版部　☎03-3239-6259
普及一部　☎03-3239-6233
京都本部　〒601-8411　京都市南区西九条北ノ内町11
PHP INTERFACE　http://www.php.co.jp/
制作協力
組　版　ＰＨＰエディターズ・グループ
印刷所
製本所　大日本印刷株式会社

ISBN4-569-57559-5